Christian Ude
Mein Pinselohrschwein und andere große Tiere

Christian Ude

Mein Pinselohrschwein und andere große Tiere

Mit 23 Abbildungen

Piper München Zürich

Mehr über unsere Autoren und Bücher:
www.piper.de

Die Texte des Kapitels › Der Rote Radler ‹ sind
zuerst in der Beilage › München erleben ‹
der *Süddeutschen Zeitung* erschienen.

Soweit nicht anders vermerkt, stammen
die Fotos von Edith von Welser-Ude.

Mix
Produktgruppe aus vorbildlich bewirtschafteten
Wäldern und anderen kontrollierten Herkünften
www.fsc.org Zert.-Nr. GFA-COC-001223
© 1996 Forest Stewardship Council

ISBN 978-3-492-05449-2
© Piper Verlag GmbH, München 2011
Satz: Kösel, Krugzell
Druck und Bindung: CPI – Clausen & Bosse, Leck
Printed in Germany

Inhaltsverzeichnis

Mein Pinselohrschwein und andere große Tiere

Mein Pinselohrschwein

Dank des Statistischen Amtes kann ich mit verblüffenden Zahlen über den Tierbestand in München aufwarten. So verzeichnete die Landeshauptstadt München im letzten Berichtszeitraum, nämlich dem Jahr 2007, exakt 28 234 gemeldete Hunde, von denen 27 891 brav ihre Hundesteuer entrichten und nur 343 ein privilegiertes steuerfreies Leben führen. Dies bedeutet, dass auf 48 Menschen innerhalb der Stadtgrenzen ein Hund kommt. Vergleichsweise bescheiden nimmt sich die Zahl von

Das Pinselohrschwein Frau Nagel

1 279 Rindern aus sowie von 132 Milchkühen und 131 Schweinen. Die statistisch erfassten 336 Münchner Hühner dürften bei der Eierproduktion für die Millionenstadt eine Quantité négligeable sein. Für die Artenvielfalt viel bedeutender ist, welch vielfältiger Fauna die städtischen Güter Lebensraum bieten. So wurden in einer 1996 durchgeführten wissenschaftlichen Untersuchung, die ich zur Hebung des Niveaus meiner Ausführungen zitieren darf, allein am Gut Obergrashof 416 Arten von Faltern und zusätzlich 345 Arten von Nachtfaltern gezählt, 55 verschiedene Sorten von Spinnen und 32 unterschiedliche Typen von Schnecken, sogar zehn unterschiedliche Arten von Regenwürmern, deren maßgebliche Unterscheidungsmerkmale ich aber hier nicht schildern könnte.

Was können wir aus diesen Zahlen lernen? Praktisch nichts. Deshalb vermeide ich es, Sie mit weiteren wissenschaftlich präzise erfassten Sachverhalten zu langweilen, und liefere stattdessen über das Spannungsverhältnis zwischen Kommunalpolitik und Tierwelt lieber einige persönliche Fallstudien.

Das Münchner Urschwein Borstelchen oder: zurück zu den Anfängen der Stadtgeschichte

Auch ein um äußerste Oberflächlichkeit bemühter Text wie dieser muss wenigstens historisch weit ausholen, um sich von seichten Tiergeschichten à la »Du und Dein Hund« positiv abzusetzen. Werfen wir also einen Blick zurück auf die Anfänge der Stadtgeschichte.

Wir wissen über die damaligen Zeiten herzlich wenig, seitdem uns belesene Besserwisser auch noch die Geschichte von der Brandstiftung Heinrich des Löwen an der Föhringer Brücke des Freisinger Bischofs ausreden wollen, obwohl ganze Generationen von Münchner Schülerinnen und Schülern im Heimat- und Sachkunde-Unterricht das niederbrennende Holzbauwerk in authentischen Bildern festgehalten haben.

Auch wenn wir also über das Wirken des Löwen in unserer Heimat nichts Gewisses wissen, ist doch eines gewiss: wie Schweine damals ausgesehen haben. Wir wissen es dank einer an

Albrecht Dürers Vorlage

Präzision und Beobachtungsgabe kaum übertreffbaren Quelle, nämlich dank des Kupferstichs »Der verlorene Sohn« von Albrecht Dürer. Dieser Kupferstich widerlegt alle Vorurteile über das Schwein an sich, die freilich erst viele Jahrhunderte später aufkommen konnten. So stellen wir Heutigen uns unter dem Schwein meist eine fette Sau vor, was auf einen rasanten Wandel des Leibesumfangs in Zeiten der Industrialisierung des 19. Jahrhunderts zurückzuführen ist. Zu Dürers Zeiten Ende des 15. Jahrhunderts und somit erst recht zu Zeiten unserer ersten urkundlichen Erwähnung im Jahr 1158 sah das Schwein aber noch anders aus, diente es doch nur der Ernährung des Adels und nicht dem Verzehr durch alle Schichten des Volkes. Es war schlank, hatte lange Beine und der lange Körper war dunkel pigmentiert und leicht behaart, die Kopfform erinnerte an Wildscheine und die Schnauze war breit; besonders spektakulär ragten die Stehohren hervor.

Nachdem ich 2005 alle städtischen Beteiligungsgesellschaften gebeten hatte, einen spezifischen Beitrag zur 850-Jahr-Feier im Jahr 2008 vorzubereiten, setzte sich der Hellabrunner Tierparkdirektor Henning Wiesner in den Kopf, Schweine zu züchten, die der Verwandtschaft auf Dürers Kupferstich zum Verwechseln ähnlich wären. Als Partner für ein derart ernsthaftes und bedeutendes Projekt kam natürlich nur das Lehr- und Versuchsgut der Tierärztlichen Fakultät der Ludwig-Maximilians-Universität in Oberschleißheim infrage, das unerlässliches Erbgut beisteuern konnte. Die Rückzüchtung, an der später auch eine urtümlich spanische Hausschweinrasse namens »cerdo iberico« aus österreichischem Besitz beteiligt werden musste, darf man sich aber nicht als lustvolle Schweinerei vorstellen, sondern eher als schwierige Verrichtung, denn der Keiler Kasimir war körperlich etwas kleiner ausgefallen als die

»rauschigen« Damen, mit denen er sich einlassen sollte, nämlich Schnüffelchen und Rüsselchen.

Die Leibesfülle hielt nicht, was die Verniedlichungsform versprach. Der *SZ*-Reporterin Astrid Becker verdanken wir die Indiskretion, wie das Liebesleben in Gang gesetzt wurde: Für die etwas zu groß gewachsenen weiblichen Schönheiten musste eine Grube ausgehoben werden, damit der kleine Kasimir trotz seines kurz geratenen Wuchses zur Sache kommen konnte. Der Vorgang wirft schon die Frage auf, mit welchem Recht wir sexuelle Vergnügungen und Ausschweifungen ausgerechnet mit Schweinen in Verbindung bringen. Doch was soll ich sagen: Pünktlich im Frühjahr 2008 wurden mir die Münchner »Borstelchen« in Hellabrunn überreicht, die mit ihren rotbraunschwarz gestreiften Mustern am Allerwertesten tatsächlich aussahen, als hätten auch sie dereinst den verlorenen Sohn begleitet. Mit diesem Triumph der Tierärztlichen Fakultät verlassen wir den wissenschaftlichen Betrieb, bleiben aber zunächst im Tierpark.

Der pubertierende Gajendra
oder: Geschlechtsreife als elefantöses Problem

Aus eigener Erfahrung wissen wir, dass das Leben durch die Pubertät nicht gerade einfacher wird. Welch elefantöse Auswirkungen sie haben kann, erfuhr ich aber unter erheblichen kommunalpolitischen Schmerzen, als der junge indische Elefanten-

Schlüsselübergabe: Gajendra vor der Pubertät

bulle Gajendra in Emanuel von Seidls berühmten Elefantenhaus zu pubertieren begann.

Streng genommen hatte ich mit den nun einsetzenden, die Münchner Öffentlichkeit, namentlich die Boulevardpresse und den gesamten Stadtrat sowie den Bayerischen Landtag empörenden und erschütternden Vorgängen nicht das Geringste zu tun, da ich nicht einmal dem Aufsichtsrat des Tierparks angehöre, aber dies spielte natürlich überhaupt keine Rolle, da der Oberbürgermeister für alles verantwortlich ist, was in einer Stadt geschieht. Dies hat manchmal sogar seinen Reiz, nämlich immer dann, wenn eine Geschichte in ein Happy End mündet; dann kann doch tatsächlich der Oberbürgermeister erzählen, er habe dies alles vortrefflich eingefädelt und zu einem beglückenden Ende gebracht. Aber bis dahin dauert es, gelegentlich sogar recht lang. Beispielsweise im Fall des indischen Elefantenbullen Gajendra. Seine hereinbrechende Geschlechtsreife ließ schreckliche Erinnerungen an die 50er-Jahre aufleben, als sein Artgenosse mit dem gemütlich bayerischen Namen »Wastl« seinen Tierpfleger tötete. Damit Gajendra niemals in Wastls beachtliche Fußstapfen treten könne, beschlossen die Experten des Tierparks, zwei Fliegen mit einer Klappe zu schlagen, was freilich kein besonders passendes sprachliches Bild für die hier zur Debatte stehenden Dickhäuter ist. Ihr Kalkül: Wenn man die Flußpferde-Anlage, die wegen der täglich anfallenden Kotmen-

»Ich will hier raus«: Rosa

gen von rund 50 Kilogramm am Tag ohnehin einen sehr trüben Eindruck machte und den beiden Nilpferden Rosa und Gurbe kein Badevergnügen bereiten konnte, einfach auflösen würde, könnte Gajendra, noch bevor der Geschlechtshormonspiegel des Testosterons voll ausgebildet ist, einen geräumigen Innen- und Außenstall erhalten, durch den er über Schiebetüren und ohne Handkontakt der Pfleger dirigiert werden könnte. Also lautet der Beschluss, dass das Hippo-Pärchen umziehen muss – und zwar in eine wahrhaft paradiesische Anlage in Südamerika, die artgerechte Haltung versprach.

Doch da war die Rechnung ohne das Publikum gemacht worden, das sich wochenlang über den drohenden Verlust der Hippos erregte. Die Boulevardpresse produzierte Sonderseiten, bis die Popularität von Rosa und Gurbe politische Wellen schlug und die CSU sich in Stadtratsanträgen über die »drohende Abschiebung« der Publikumslieblinge ereiferte. Endlich konnte die kirchliche und oppositionelle Kritik an der bayerischen Abschiebepraxis Asylbewerbern gegenüber unter starkem Applaus gekontert und gegen die wahren Unmenschen unserer Tage gewendet werden! Ganze Familien wandten sich an den Petitionsausschuss des Bayerischen Landtags, um gegen den Verlust des Schönsten und Liebsten, das sie in München hatten, zu protestieren.

Staatssekretär Georg Schmid, den wir heute unter dem Namen »Schüttel-Schorsch« kennen, teilte den entsetzten Liebhabern aber sachgerecht mit, dass das Verbringen der beiden Flusspferde in den Zoo von Caracas nicht zu beanstanden sei, sondern aus der Sicht des Tierschutzes begrüßt werden müsse, da die Tiere mit ihrem Umzug nicht nur die artgerechte Unterbringung des indischen Elefantenbullen ermöglichen würden, sondern jetzt endlich auch ein großzügiges Freigelände bekämen.

Das Pinselohrschwein
oder: eine niederträchtige Sau

Selbst die Staatsregierung konnte aber die Wogen der Empörung nicht mehr glätten, da die CSU-Stadtratsfraktion mit einer kühnen Verschwörungstheorie die Volksseele vollends entfesselt hatte: Hinter der menschenrechtswidrigen Abschiebungsaktion stecke in Wahrheit der Oberbürgermeister, dem es überhaupt nicht um den indischen Elefantenbullen gehe, sondern um – so wörtlich – »sein Pinselohrschwein«, für das er größeren Wohnraum im Elefantenhaus durchsetzen wolle. Überrascht erfuhr ich durch diese politische Attacke, dass es überhaupt Pinselohrschweine gibt. Da mir eine so große Sympathie, ja tierschützerisches Engagement für diese Gattung nachgesagt wurde, informierte ich mich schnell, was es mit dem afrikanischen Pinselohrschwein so auf sich hat. Es gilt als das farbenprächtigste Tier des schwarzen Erdteils überhaupt, es handelt sich um eine Wildschweinrasse, die von der Natur bunt bemalt wurde, ein poetischer Tierfreund formu-

Freundschaft mit Frau Nagel

lierte sogar einmal, es sehe aus »wie ein Indianer
auf Kriegspfad«.

Natürlich wollte ich meine angeblichen Lieblin-
ge, die mir der politische Gegner angehängt hatte,
auch einmal persönlich zu Gesicht bekommen:
Die majestätischen Wildschweinschädel der älteren Exemplare sind wirklich bewundernswert, die
Ohren, die tatsächlich pinselförmig enden, äußerst
reizvoll. Die Muttersau hieß übrigens nach einer
Wohltäterin, die wohl für die Kosten der Verpfle-
gung aufkommen musste, »Frau Nagel«. Die Tierpfleger erlaubten mir einen Besuch im Gehege,
wo ich die kleinen possierlichen Jungtiere mit
Äpfeln und Fischen – eine widerliche Mischung –
aus Plastikeimern verwöhnen und für mich gewinnen durfte.

Da ich durch diesen Besuch tatsächlich die mir schon längst nachgesagte Beziehung zu Frau Nagel und ihren Ferkeln aufgebaut hatte, wollte ich natürlich den Enkeln beim nächsten Osterspaziergang durch den Zoo zeigen, wie zugetan mir die »Indianer auf Kriegsfuß« tatsächlich sind. Erneute Fütterung im Gehege. Während die kleinen Ferkel immer aufdringlicher Nachschub verlangten, wandte sich Frau Nagel scheinbar desinteressiert ab und entfernte sich mehrere Meter. In Wahrheit hat sie aber nur Anlauf genommen. Plötzlich raste sie mit aberwitzigem Tempo schnaubend auf mich zu, öffnete schon unterwegs das Maul und rammte mir ihren Rüssel in den Bauch und biss dann er-

Die infame Attacke

schreckend kraftvoll zu. Ich spreche nicht gerne darüber, muss aber gestehen, dass sie tatsächlich den Mittleren Ring zu fassen kriegte. Ich schrie auf, was aber nur die Aufmerksamkeit der Zoobesucher hinter dem Gitter steigerte.

Frau Nagel schüttelte ablehnend den Kopf, was für mich leider bedeutete, schwungvoll hin und her geschleudert zu werden. Selbst der hünenhafte Tierpfleger, der ihr mit harter Faust krachend auf den Schädel schlug, konnte sie nicht bändigen, allenfalls noch mehr erregen. Erst beim vierten Schlag, den er mit einem brüllenden Schrei unterstrich, öffnete Frau Nagel ihr Maul und ließ mich entkommen. Unter dem zerrissenen Hemd konnte man sehen, dass zwei tiefe Löcher in den Bauch gestanzt worden waren.

Schlimmer noch als die Niedertracht dieser Sau war jedoch die Reaktion der lieben Mitmenschen. Die Enkel meinten nur, im Tierpark werde mehr geboten, als sie erwartet hätten. In Berlin erzählte ich dem dortigen Stadtoberhaupt vom tragischen Verlauf meines Besuchs im Gehege, aber Klaus Wowereit meinte nur nassforsch: »Sei doch froh, dass die Sau so hoch hinauswollte.« Damit war der abscheuliche Gedanke, die afrikanische Wildsau hätte auch auf tieferem Niveau zuschnappen können, tief in mein Hirn eingebrannt. Seitdem taucht Frau Nagel sogar gelegentlich in meinen Albträumen auf.

Rosa und Gurbe
oder: das späte Familienglück

Natürlich hätte ich die gesamte Geschichte längst
verdrängt, wenn es da nicht ein schier unglaubliches Happy End gegeben hätte. Sie erinnern sich:
Der Oberbürgermeister ist für alles verantwortlich,
und wenn es ein Happy End gibt, kann er erzählen, dass er dies geschickt eingefädelt und alles zu
einem glücklichen Ende gebracht habe. Tatsächlich
kamen Rosa und Gurbe nach endlos langem Flug
in einer Kombi-Versionsmaschine mit vollklimati-
siertem Transportraum in tierärztlicher Begleitung
in Caracas an, wo sie in einer herrlichen Flusslandschaft ein neues Zuhause fanden.

Dort, im klaren Wasser des Stromes, geschah
das Unfassbare! Rosa und Gurbe sahen einander
an und sahen, dass sie nackt waren. Erstmals sah
Rosa klaren Blickes, wie Gurbe seinen stattlichen
männlichen Körper tänzelnd durch das Fluss-
wasser bewegte, und Gurbe sah erstmals klaren
Blickes, welch verführerische Rundungen Rosa
aufzuweisen hatte. Nie hatten sie dies alles in der
Hellabrunner Scheißbrühe, die sie täglich mit 50
Kilogramm Kot anreicherten, erkennen können.
Und so geschah es nach Jahrzehnten tristen Ehe-
lebens: Die beiden wurden intim, und daraus ent-
sprang ein Baby, das in der nüchternen Sprache
der Zoologen »Eins Schrägstrich Null Stern Null
Sieben« heißt. Die Freunde in Caracas haben mir
Fotos gemailt, die wirklich jeden Tierfreund dahin-
schmelzen lassen: eine glückliche Familie auf einer

Familienglück in Südamerika

Lichtung, nur wenige Meter vom Strom entfernt. Mutter und Baby glücklich vereint am Ufer, den Wellen mit altersweiser Sentimentalität und kindlicher Neugier nachblickend.

Es muss schon so sein, wie die CSU im Rathaus messerscharf erkannt hat: Das alles hat der Oberbürgermeister persönlich so veranlasst!

Hannibal ante portas
oder: die Angst vor dem Mundgeruch

Vielleicht hat das südamerikanische Familienglück meinen Blick auf die Flusspferde verklärt, jedenfalls konnte ich nicht Nein sagen, als ich einige Zeit später von einem mittelständischen ausländischen Zirkusunternehmen gebeten wurde, mit-

Hannibal macht's Maul auf, tief durchatmen ...
und treffen (Fotos: A. Heddergott)

ten auf dem Marienplatz das Nilpferd Hannibal zu begrüßen und ein großes Kontingent Freikarten für bedürftige Münchner entgegenzunehmen. Schließlich hatte ich diese Übung im Vorjahr schon mit einer Giraffe und Bravour erledigt. Von meinem Freund und Nachbarn Helmut Fischer wusste ich außerdem, worauf man bei Begegnungen mit Hippos achten muss. Der Monaco Franze war einmal zu den Stars in der Manege eingeladen worden und hatte den Auftrag bekommen, einem Nilpferd Salatköpfe in den Rachen zu werfen. Den Wurf mit Salatköpfen hatte er zuvor geübt, nur die Begegnung mit dem Hippo war dann doch am Abend der Fernsehshow eine richtige Premiere.

Helmut Fischer machte eine verblüffende Erfahrung: Der Salatkopfwurf ist ganz einfach und der Dickhäuter eher träge und friedfertig – nur sein Mundgeruch ist im wahrsten Sinne des Wortes umwerfend.

So hatte ich mich also auf Hannibal eingerichtet. Ich atmete in sicherem Abstand schnell mehrmals durch wie ein Taucher vor dem Sprung ins Wasser, dann hielt ich die Luft an und warf aus unmittelbarer Nähe einen Salatkopf nach dem anderen in den wirklich gigantischen Rachen. Es war eine einfache Übung, eigentlich nicht der Rede wert. Außerdem standen ja Zirkusleute und Polizeibeamte in der Nähe.

Erst tags darauf erfuhr ich vom Kreisverwaltungsreferenten, dass gegen Hannibal bei der Staatsanwaltschaft Wuppertal eine Anzeige wegen

Verdachts der Fälschung des Herkunftsnachweises vorliege. Möglicherweise bewege sich Hannibal, der in Frankreich untergetaucht sein könnte, unter falschem Namen in Deutschland. Und außerdem sei es strengstens verboten, derart gefährliches Großwild in die Nähe von Menschen zu lassen, weshalb auch die Zirkusnummer verboten werde.

Eigentlich hatte ich mir aber nichts gedacht gehabt, weil doch Polizeibeamte die Aktion begleiteten, sodass ich von der Zulässigkeit der Aktion ausgehen konnte und mich juristisch ausgedrückt in einem unvermeidbaren Verbotsirrtum befand. Vom Kreisverwaltungsreferenten wurde ich aber belehrt, dass die Polizei ihrerseits über das zügellose Auftreten von Hannibal in der Fußgängerzone ebenso überrascht wie befremdet gewesen sei und nicht wegen des Flusspferdes, sondern wegen mir erschienen wäre.

Hannibal zog weiter nach Augsburg, wo ihm behördlicherseits keine vergleichbaren Bedenken entgegenschlugen.

Kommissar Rex
oder: weder Freund noch Helfer

Der Deutsche Schäferhund erfreut sich in Deutschland einer fast schon mystischen Popularität, und Polizisten gelten als Freunde und Helfer, die bei Meinungsumfragen regelmäßig die besten Ergebnisse erzielen, weit vor Ärzten und Priestern, während zu meinem unermesslichen Groll regelmäßig drei Berufsstände am Ende der Skala genannt werden, denen ich leider angehöre: die Rechtsanwälte, die Journalisten und – noch schlimmer – die Politiker.

Demgegenüber genießen also Deutsche Schäferhunde, die auch noch durch polizeiliche Aufgaben regelrecht geadelt werden, das größte Ansehen und den größten Respekt, sie bewegen sich immer im Zenit der Wertschätzung des Volkes.

Das musste ich im Jahr 2000 bitter erfahren, als ich von der Vereinigung für deutschitalienische Freundschaft in Rom mit einem Preis in der Sparte Kommunalpolitik geehrt werden sollte. Um ehrlich zu sein, hatte ich zuvor noch niemals etwas von dieser illustren Gesellschaft gehört und erst recht nicht von dem Preis, der auf den schönen Namen Capo circeo hörte und aus einer unsäglichen vergoldeten Skulptur bestand, die eine langhaarige Nackte zeigte, die sich hingebungsvoll an den Mast eines nur angedeuteten Segelbootes schmiegte. Das wusste ich aber nicht, als mich die frohe Botschaft von dieser internationalen Ehrung erreichte, ich erfuhr nur, dass die Auszeichnung im Kapitol überreicht werden sollte. Man stelle sich vor: Im Kapitol! Das war doch was! Das kriegt nicht jeder!

Zu meiner Entschuldigung muss ich sagen, dass Männer fast immer von einer geradezu albernen Eitelkeit gepackt werden, wenn sie offizielle Ehrungen erhalten, selbst wenn sie keine Ahnung haben, wie die Ansteckadeln, Medaillen, Pokale oder gar Skulpturen entsorgt oder familienverträglich aufbewahrt werden sollen. So flog ich voller Stolz nach Rom.

Die Verleihung war wirklich im Kapitol, dem Zentrum römischer Geschichte, dort, wo einst die Gänse schnatterten. Und im Festsaal wimmelte es nur so von Fotografen und Kamerateams. Es hätte ein biografischer Höhepunkt an geschichtsträchtiger Stätte werden können – und war doch nur eine einzige Schmach.

Von dem Augenblick an, in dem ein Köter an der Leine in den Festsaal geführt wurde, sah ich nur noch Fotografen und Kameraleute von hinten. Sie umzingelten den Hund, knieten vor ihm nieder, warfen sich buchstäblich auf den Boden, um ihn von unten in großer Pose ablichten zu können, unsereiner bekam nur noch die Bluejeanshintern gebeugter italienischer Fotografen zu sehen und gelegentlich beim Kameraschwenk die damals noch schwerfälligen Apparate an den Kopf gehauen.

Der Hund war nicht irgendein Hund. Nein, es war Kommissar Rex. Der Preisträger in der Sparte »darstellende Kunst«. Man stelle sich vor: Kommissar Rex persönlich!

Nicht ganz persönlich, denn Rex ist kein einziger Schäferhund, sondern besteht aus insgesamt 27 Schäferhunden, die – wie ich bei dieser Gelegenheit erstmals erfuhr – abwechselnd Kommissar Rex darstellen. Einer kann besonders gut Ganoven nachlaufen oder anbellen, ein anderer versteht es mit großem Geschick, die Brotzeit der Polizisten im Revier zu stehlen, wieder ein anderer kann den

Kopf treuherzig schief halten und telegen gucken und so fort. Man muss sich das vorstellen: Hier war nur einer von 27 Rex-Darstellern erschienen, und kein einziger Reporter nahm vom Preisträger in der Sparte »politica communale« auch nur die geringste Notiz. Als Tierpfleger hätte ich wenigstens der Fachpresse noch Interviews geben können, was er gerne frisst, wem er folgt und welche Stunts er schon gemacht hat – aber als Bürgermeister …

Es ist Zeit für eine Neubewertung, für einen Paradigmenwechsel: Deutsche Schäferhunde im polizeilichen Auslandseinsatz sind weder Freunde noch Helfer, sondern neben dem Pinselohrschwein der größte natürliche Feind deutscher Bürgermeister!

Ursprünglich war dieser Text eine Abschiedsvorlesung für die Doktoranden der Veterinärmedizinischen Fakultät der Ludwig-Maximilians-Universität, die bei dieser Gelegenheit den allerletzten akademischen Schliff bekommen sollten, ehe sie auf die Borstelchen, Frau Nagel, Gajendra, Rose und Gurbe sowie Hannibal und all die anderen losgelassen werden. Es kränkte mich ein wenig, erst nach 15 Amtsjahren um einen Vortrag zu diesem Themenkreis gebeten zu werden, musste ich hinter dieser Zurückhaltung doch das alte Vorurteil vermuten, ich verstünde nichts von Ackerbau und Viehzucht. Tatsächlich bin ich aber, wie mir der Bauernverband bestätigte, dank der großen und ökologisch bewirtschafteten städtischen Güter, der größte Biobauer Bayerns.

Der literarische Bär

Natürlich bin ich ein wenig erschrocken, als ich ihm bei einem Altstadtspaziergang durchs Hackenviertel erstmals begegnete, schließlich rechnet man bei einem Blick in eine Auslage mit lauter Schwämmen, Geschirrtüchern und Knöpfen nicht mit einer zähnefletschenden Bestie, doch der kurze Schreck wich bald einem tiefen Mitgefühl, nicht nur, weil der Ärmste bereits das Zeitliche gesegnet hatte, sondern vor allem, weil er einer so erbarmungswürdigen Tätigkeit nachgehen musste: den vorbeieilenden Passanten einen kurzen Seitenblick abzujagen und einen Stapel Fensterleder zu präsentieren, das war doch wirklich keine würdige Aufgabe für ein Raubtier, das zu seinen Lebzeiten einmal sibirische Weiten unsicher gemacht hatte. Bei dieser Geringschätzung ahnte ich noch nicht, dass diese Bestie einmal der ganze Stolz der Literaturstadt München und besonders ihres Oberbürgermeisters werden sollte. Aber alles hübsch der Reihe nach.

Im September 1996 tauchte der Ausgestopfte aus der Kreuzstraße plötzlich in der Bürgerpost auf. Die Heimatkundlerin Elfie Zuber schrieb mir, dass Maria Matt, die »Bärentante« aus der Kreuzstraße, dort in ihrem Laden am 21. September ihren 88. Geburtstag feiern werde – und da ich doch traditionell an diesem Samstag genau an dieser Stelle beim Einzug der Wiesnwirte auf das Oktoberfest in die Kutsche einsteigen müsse, könne ich ihr doch gleich zum Geburtstag gratulieren. Warum dies nicht nur sehr nett, sondern aus städtischer Sicht auch sehr ratsam wäre, ging aus einem beigefügten Artikel hervor: Der Bär war nicht irgendein Bär, sondern der Bär von Thomas Mann. Er hatte, so erfuhr ich, die Mann-Familie seit der Lübecker Zeit begleitet und zuletzt in der großbürgerlichen Münchner Villa in der Poschinger Straße 1 im Eingangsbereich gestanden und in einer Holzschale Visitenkarten von Gästen gesammelt.

In den *Buddenbrooks* wurde ihm sogar ein kleines, ziemlich unscheinbares literarisches Denkmal gesetzt. Dort ist von einem Taufgeschenk für den Knaben Hanno die Rede: »Übrigens haben sie den Buddenbrooks ein prachtvolles Geschenk mitgebracht: einen mächtigen, aufrechten, ausgestopften braunen Bären mit offenem Rachen, den ein Verwandter des Pastors irgendwo im inneren Russland geschossen und der jetzt, eine Visitenkartenschale zwischen den Tatzen, drunten auf dem Vorplatz steht.« Das ist einerseits nicht wirklich viel, andererseits aber immerhin Weltliteratur! Wesentlich mehr über die Bestie erfahren wir bei Thomas Manns jüngstem Bruder Viktor, der in seinem autobiografischen Roman *Wir waren fünf* regelrecht ins Schwärmen kam. Über das erste Münchner Domizil der Familie in der Herzogstraße 3 heißt es dort: »Da stand in der großen

Diele zwischen den riesigen Mahagoni-Schränken und der mächtigen Lübecker Truhe der ausgestopfte sibirische Braunbär aufrecht auf seinem schwarzen Sockel und hielt mit den scharf bewehrten Vordertatzen die dunkelrote russische Holzschale für die Visitenkarten (…) Aus dem offenen Rachen drohte das böse weiße Gebiss, aber die braunen Glasaugen und die breite rote Holzzunge wirkten gutmütig, sodass die plump dienende Haltung einigermaßen glaubhaft schien, in der das Raubtier vom Präparator verewigt worden war. Immerhin erschraken manchmal Geschäftsboten oder Handwerker, wenn sie die recht lebendig wirkende Gestalt zum ersten Mal sahen, und ich war sehr stolz darauf, gelegentlich solche festen Männer mit den Worten ›Der tuat Eana nix!‹ beruhigen zu können. Ich kam mir dann fast wie ein Tierbändiger vor. ›Der Bär‹, ein Hochzeitsgeschenk aus Russland für unsere Eltern, war ein Familienstück par excellence. Wir haben alle fünf als Kinder in ihm eine Art Haustier gesehen, und später bedeutete er uns fast das Sinnbild des Hauses.

Immer wieder entmottet, geflickt und geleimt, zog er mit uns von Wohnung zu Wohnung und kam nach meiner Heirat zunächst an mich, später zu Thomas in das Haus an der Poschinger Straße, wo er wieder in einer großen Diele spielenden Kindern zuschauen konnte.«

Das Haustier der Manns! Ein Familienstück par excellence! Ein Sinnbild des Hauses! Damit war mein Ehrgeiz entfesselt, dieses bedeutsame Exponat für die Nachwelt, und zwar in München, möglichst im Literaturhaus, zu gewinnen.

Als ich aufkreuzte, um der 88-jährigen Tierhalterin zum Geburtstag zu gratulieren, standen einige Stammkunden und Nachbarn bereits mit einem Sektglas in der Hand vor dem Ledergeschäft herum. Ich lief in die Herzogspitalstraße zurück und bat einen ungeduldig auf den Wiesneinzug wartenden Spielmannszug, in der Kreuzstraße ein Ständchen zu spielen, was mit lautem Dschingderrasssabumm auch geschah. Immer mehr Nachbarn schauten zum Fenster heraus und ließen die alte Dame hochleben. Anschließend durfte ich noch den bayerischen Defiliermarsch dirigieren, weil ich sonst nichts dirigieren kann. Nebenan in der Herzogspitalstraße wieherten die Brauereirösser. Der »Bärentante« kamen die Tränen. Immer wieder beteuerte sie, dass sie bis zu ihrem seligen Ende in dieser wunderbaren Umgebung bleiben wolle. Auch der alte Bär, sagte ich ihr, wolle sicher gerne hierbleiben und solle dereinst nicht allzu weit verpflanzt, sondern in der Nähe belassen werden, zum Beispiel im Literaturhaus an der Salvatorstraße, deren Umgebung ihm ja schon bestens vertraut sei.

Allerdings schlief auch die Konkurrenz nicht. Zu meinem Entsetzen erfuhr ich, dass die Lübecker Thomas-Mann-Gesellschaft sich nicht schämte, der alten Dame sogar brieflich darzulegen, dass »Lübeck selbstverständlich der richtige Ort« für den späteren Aufenthalt des Bären wäre, wohingegen die Auffassung von Frau Matt, er solle »Bayern keinesfalls verlassen«, nur schwer zu verstehen sei, weil er »in Lübeck, nicht in München seinen angestammten Platz hätte«. Diese unerhörte Provokation hat mich aber nur zu weiteren Aktivitäten veranlasst, die im Erwerb eines Stapels Fensterleder gipfelten. Da der Bär von den Nazis einfach konfisziert und weiterveräußert worden war, erschien die Rechtslage nicht unproblematisch. Da wäre ein Votum der bestohlenen Familie schon hilfreich! Es fügte sich, dass Thomas Manns jüngste Tochter, die Meeresforscherin Professor Elisabeth Mann-Borgese, in den 90er-Jahren ihren literarischen Nachlass der Stadt München überließ und mir bei einem festlichen Essen erzählte, wie bitter sie es als 15-jähriges Mädchen empfunden habe, dass sie mit der Familie wegen der Machtergreifung München verlassen musste, bevor sie endlich einmal das Oktoberfest besuchen konnte. Na, meinte ich, einen versäumten Wiesnbummel könne man doch jederzeit nachholen.

1999 war es so weit. Die 81-jährige Forscherin und ich begannen unsere Exkursion auf der Empore des Schottenhamelzeltes, wo sie schilderte, dass ihre Eltern viel unkomplizierter und fürsorglicher gewesen seien, als es in den Erinnerungen ihrer Geschwister dargestellt werde, und ich erzählte ihr, dass sich meine Eltern Ende der Zwanziger Jahre im Auditorium Maximum der Münchner Universität kennengelernt hatten, als Thomas Mann dort aus dem noch unveröffentlichten *Joseph*-Roman vorlas. Der Gedanke, dass ihr Vater die Ehe meiner Eltern gewissermaßen vermittelt habe, gefiel ihr. Jetzt wäre ein guter Zeitpunkt gewesen, die Rede auf den Bären zu bringen. Aber sie wollte endlich erleben, was sie damals versäumt hatte. Zur Krinoline mit ihrer Schunkelfahrt bei Blasmusik meinte sie nur abfällig, das sei wohl eher etwas für alte Leute. Also lud ich sie in die Wilde Maus ein, meine Lieblingsachterbahn mit den zackigen Kurven. Das fand sie schon recht nett, aber zu meinem Entsetzen hatte sie während der Fahrt von oben entdeckt, dass es da noch eine spektakulärere Neuigkeit gab, den Freefall, ein beängstigendes Gerät, das sein Publikum erst in abenteuerliche Höhen hebt, um es dann in freiem Fall heruntersausen zu lassen. Das sollten wir unbedingt ausprobieren. Alles,

Mit Elisabeth Mann-Borgese in der Wildwasserbahn
(Foto: M. Schlüter)

bloß das nicht! Zurück im Gedränge der Schaustellerstraße behauptete ich, die Orientierung verloren zu haben und das neue Fahrgeschäft leider nicht finden zu können. Stattdessen begeisterte ich sie für die Wildwasserbahn, die sie allerdings so patschnass verließ, dass sie unverzüglich ins Hotel wollte. Und der Bär? Ach ja, sagte sie, das hatte sie mir schon im Schottenhamelzelt sagen wollen: Der muss unbedingt ins Literaturhaus! Noch mehr freute mich allerdings, dass mir der freie Fall erspart geblieben war. Im November des nächsten Jahres starb die »Bärentante«. Das Erbstück bekam aber weder Lübeck noch München, sondern ihr Neffe Thomas Kleinsteuber, der sie fürsorglich gepflegt hatte und gerne bereit war, den Bären dem Literaturhaus – zu leihen. Schließlich hatte er das Geburtstagskonzert miterlebt. Zunächst aber musste eine Fachkraft der Zoologischen Staatssammlung den Zustand des nicht mehr ganz taufrischen Monsters dokumentieren und ihn flicken, nähen und bürsten lassen.

Schließlich konnte in meinem Amtszimmer der zunächst zehnjährige Leihvertrag geschlossen werden, dem ein weiterer zwischen Stadt und Literaturhaus folgen musste, der sogar die Präsentation in einer Glasvitrine und die Nennung des Neffen als Leihgeber vorschrieb. Allerdings war die Leihgabe gar nicht vollständig, wie der Literaturwissenschaftler Dirk Heißerer herausfand, denn auf der Holzschale fehlte ein Metallteller. Und das kam so: Bei der Versteigerung des Inventars der Familie Mann im Jahr 1933, bei der

der Vater von Frau Matt den Zuschlag für den Bären erhalten hatte, sahen sich zwei Freunde zuvor all die Gegenstände an, die zum Aufruf kommen sollten. Einer der beiden, ein Bewunderer Thomas Manns, ärgerte sich so über die Barbarei der Nazis, dass er beschloss, die Diebe zu bestehlen: Blitzschnell nahm er den Messingteller auf der Holzschale des Bären an sich und versteckte ihn unter seinem Mantel. Draußen zeigte er ihn stolz seinem Freund, einem Maler, und »schenkte« ihn ihm. Der ließ ihn viele Jahrzehnte in seinem Atelier liegen. 2001 las seine Tochter in der Zeitung, dass der Bär künftig im Literaturhaus stehen werde. Jetzt sollte endlich zusammenkommen, was zusammengehört! Auf Vermittlung des Münchner Thomas-Mann-Förderkreises wurde der zweifach entwendete Messingteller wieder dem Braunbären ausgehändigt. Der Teller stammte übrigens von einer der Ägypten-Reisen, die Thomas Mann erst auf Einladung einer Schiffslinie und dann für Recherchen über *Joseph und seine Brüder* unternahm – kein wertvolles Stück, aber immerhin ein Brücken-

Der Bär der Manns im Literaturhaus (Foto: A. Heddergott)

schlag von den *Buddenbrooks* zum *Joseph*-Roman. Im Januar 2010 haben der Neffe und ich das Vertragswerk um zunächst zwei weitere Jahre verlängert. Wirklich erschrecken kann mich die sibirische Bestie eigentlich nur noch mit dem Gedanken, eines Tages wieder ausziehen zu wollen. Dabei haben mir mittlerweile auch die Lübecker – jawohl, wirklich die Lübecker! – zu der »frohen Kunde« gratuliert, dass »der Bär aus seinem Schattendasein befreit« wurde und schon beim hundertjährigen Jubiläum der *Buddenbrooks* in München »ein minder triviales Dasein« hat. Und die Lübecker müssen ja wissen, wo der Bär letztes Endes hingehört. Schließlich hat er in Lübeck – und nirgendwo sonst – Aufnahme in die Familie der Manns gefunden.

In schwindelnden Höhen

Politik in schwindelnder Höhe

Immer wieder werde ich gefragt: Warum gehen Sie nicht in die hohe Politik?

Sie könnten doch auch da droben mitmischen – in schwindelnder Höhe!

Ich frage dann nur zurück: Ja wissen Sie überhaupt, wie's da zugeht?

Sie – da geht's wahnsinnig zu.

Nehmen Sie zum Beispiel nur … ja was soll ich da aussuchen?

Richtig! Die letzten Jahre.

Womit fang ich nur an?

Richtig, mit dem Kanzler.

Also: Am Anfang war der Kanzler.

Die Älteren von Ihnen werden sich ja noch daran erinnern.

Er traute eines Tages seiner SPD nicht mehr über den Weg

und hatte kein Vertrauen mehr zu ihr,

weshalb er wollte, dass die Bevölkerung der SPD erneut

das Vertrauen ausspricht, bei Neuwahlen nämlich,

was aber nur geht, wenn die SPD ihm vorher

das Misstrauen ausspricht,

wozu auch alle gleich bereit waren,

außer denen, die ihm tatsächlich misstrauten.

Klare Sache, Sie erinnern sich.

Bei den Neuwahlen hat es dann nicht mehr für einen Kanzler Schröder gereicht,

nur noch für einen Vizekanzler Müntefering,

sodass die SPD jetzt nur noch Franz Müntefering tratzen konnte,

was sie auch sofort tat,

schließlich war er ja auch noch ihr Parteivorsitzender

und wollte, dass ein gewisser Kajo Wasserhövel Generalsekretär wird.

Was soll das heißen: Sie haben noch nie etwas von Kajo Wasserhövel gehört?

Es ist ja gerade der Witz dieser Abhandlung, dass sie –

meines Wissens sogar zum ersten Mal –

die zentrale Bedeutung dieses Mannes für die jüngere Zeitgeschichte

der Bundesrepublik Deutschland offenbart.

Also, ganz langsam zum Einprägen und Mitschreiben:

Kajo Wasserhövel war damals Bundesgeschäftsführer der SPD

und hätte nach dem Willen des vorübergehenden Parteichefs Müntefering

unbedingt Generalsekretär werden sollen.

Das können Sie sich doch ganz einfach merken.

Allerdings wollte die Sozialdemokratische Partei Deutschlands,

die damals ansonsten nicht so genau wusste, was sie wollte, oder wollen sollte oder überhaupt noch wollen durfte,

unbedingt verhindern, dass Wasserhövel Generalsekretär wurde,

schließlich konnte sie ja beim besten Willen nicht ahnen,

dass ihrem Vorsitzenden der eigene Generalsekretär irgendwie wichtig sein könnte.

Dafür wusste die Mehrheit im Parteivorstand ganz genau,

dass Andrea Nahles unbedingt anstelle von Kajo Wasserhövel

Generalsekretärin werden musste,

weil sie ja leider nicht stellvertretende Parteivorsitzende werden konnte,

weil das unbedingt Heidemarie Wieczorek-Zeul bleiben wollte,

der das so wichtig war,

dass sie dafür gerne ihr Ministeramt zur Verfügung gestellt hätte.

Jedenfalls am Montag der fraglichen Woche.

So wurde also Kajo Wasserhövel verhindert

und Franz Müntefering zum Rücktritt veranlasst.

Am folgenden Dienstag stellte sich freilich heraus,

dass die rote Heidi noch lieber Ministerin als Parteivize bleiben wollte,

sodass sie ihr Parteiamt gerne für Andrea Nahles

zur Verfügung gestellt hätte, die es jetzt aber gar nicht mehr haben wollte,

weil sie doch aus Versehen den Parteivorsitzenden gestürzt hatte, was vielleicht gar keine gute Idee und vor allem keine

gute Plattform für eine stellvertretende Vorsitzende war ...

Am Ende der turbulenten Woche war also aus Versehen

Franz Müntefering zurückgetreten und Andrea Nahles genauso wie

Kajo Wasserhövel verhindert worden.

Verblüffenderweise hatte dieses Durcheinander verheerende Folgen –

und zwar für die CSU!

Dort war man gerade damit beschäftigt, die Weltachse zu schmieden

und die bundesdeutsche Wirtschaft zu retten, die so darniederlag,

dass nur ein wahrer Titan sie retten könnte, also Edmund Stoiber persönlich.

Das war insofern überraschend, als vor der Bundestagswahl 2005

mit allem Pathos garantiert worden war,

dass Bayerns Sicherheitsexperte Günther Beckstein ins Kabinett kommt,

wenn Merkel Kanzlerin wird.

Nun musste aber eben dieser Beckstein zur Seite treten,

damit Stoiber die Wirtschaft retten konnte.

Nun ist allerdings dem Stoiber,

weil Kajo Wasserhövel nicht Generalsekretär werden durfte

und Franz Müntefering deshalb den Parteivorsitz hingeworfen hat, mit dem SPD-Vorsitzenden der unverzichtbare Gegenspieler abhandengekommen

und überdies die gesamte Statik der Bundesregierung ins Wanken geraten,

sodass Stoiber mit dieser Begründung seine Berliner Ambitionen fallen lassen

musste, was ja schon deshalb einleuchtet,

weil es auch an der Spitze der bayerischen Staatsregierung

einen Titan brauchte, also Edmund Stoiber,

und auf gar keinen Fall – um Himmels willen – diesen Günther Beckstein

oder gar – wo denken Sie hin – diesen Erwin Huber!

Leider konnte Beckstein jetzt aber auch nicht mehr nach Berlin,

weil dort blitzschnell ein gewisser Horst Seehofer den letzten freien

Kabinettsplatz

für die CSU ergattert hatte.

Mit imposanter Geschlossenheit stellte sich die CSU in Wildbad Kreuth

hinter den nun doch nicht zum Superminister kandidierenden,

sondern in Bayern als Ministerpräsident verbleibenden Edmund Stoiber,

ja sie stellte sich wie ein Mann direkt hinter ihn,

von wo aus sie ihm drei Tage später

mit abermals imposanter Geschlossenheit in den Rücken fallen konnte,

um Günther Beckstein und Erwin Huber auf den Schild zu heben, um auf diese Weise die Schande des vergeigten Berliner Manövers zu tilgen.

Aus lauter Dankbarkeit, die trotz allem Zorn nicht zu kurz kommen durfte,

erhielt der verjagte Partei- und Regierungschef

aber noch Zeit für eine neunmonatige Abschiedstournee,

an deren Ende er der verblüfften Öffentlichkeit kundtun durfte,

dass die Finanzierung des Transrapid endgültig gesichert sei,

sodass keine Macht der Erde das Projekt noch stoppen könne.

Kurze Zeit später wurde dann der Transrapid feierlich bestattet,

weil ihn bei bestem Willen keine Macht der Erde finanzieren konnte.

Dass Beckstein und Huber gegen Stoiber geputscht haben,

hat ihnen der Titan so verübelt,

dass er seinerseits die beiden Unglücksraben wegputschte,

um Horst Seehofer als Landesvater zu inthronisieren,

der anders als ein Jahr zuvor jetzt nicht mehr sittlich untragbar war,

sondern neuerdings die Aufgeschlossenheit der modern geläuterten CSU

für neue Lebensentwürfe in der Großstadtwirklichkeit personifiziert …

Mit der Wahl von Günther Beckstein hatte die CSU in eindrucksvoller

Geschlossenheit bewiesen, dass im fortschrittlichen Bayern auch ein

fränkischer Protestant Ministerpräsident werden kann,

mit seiner Abwahl wurde mit noch größerer Geschlossenheit noch

eindrucksvoller unter Beweis gestellt, dass ein fränkischer Protestant

unmöglich bayerischer Ministerpräsident bleiben kann.

Kraftvoll konnte die Regierung Seehofer mit der Hilfe des

Fraktionsvorsitzenden

der CSU im Landtag Georg Schmid, genannt der Schüttel-Schorsch,

das verhasste bayerische Rauchverbot abschaffen,

das im Jahr zuvor vom Schüttel-Schorsch als strengstes Gesetz Europas

persönlich durchgeboxt worden war.

Auch diese Abschaffung des strengsten Rauchverbots Europas,

die dem herzlichen Einvernehmen der Landtagsmehrheit mit allen qualmenden

Stammtischbrüdern im Lande Ausdruck verleihen sollte,

war allerdings nur von kurzer Dauer, weil die Stammtischbrüder

entweder beim Volksentscheid zu Hause geblieben waren

oder nie so zahlreich gewesen sind, wie die CSU meinte.

Vor allem aber konnte Horst Seehofer jetzt endlich mit seinem Kabinett dem

Gesundheitsfonds den Kampf ansagen, den er in Berlin zuvor durchgesetzt

und gefeiert hatte.

Damit nicht genug: Seehofer durfte jetzt seine Eignung zum

Bayerischen Ministerpräsidenten

beweisen, indem er all die Maßnahmen rückgängig machte, mit denen Stoiber

zuvor seine Eignung zum Bundeskanzler beweisen wollte, beispielsweise die

längeren Arbeitszeiten für Beamte oder den ausgeglichenen Haushalt.

Frage für Fortgeschrittene:

Wäre Horst Seehofer jemals Nachfolger von Günther Beckstein geworden,

wenn die rote Heidi einen Tag früher erkannt hätte,

dass sie vor allem Ministerin bleiben will, also den Posten des Parteivize

Andrea Nahles überlassen kann,

sodass die nicht gegen Kajo Wasserhövel kandidiert

und Franz Müntefering zum Rücktritt bewegt hätte, und

Stoiber Wirtschaftsminister hätte werden können, und

deshalb keinen Putsch in Bayern erlitten hätte,

und Huber und Beckstein niemals aus Rache hätten weggeputscht werden

müssen …

Fragen Sie jetzt bitte nicht, wer eigentlich Kajo Wasserhövel war! Das haben
wir doch
gründlich durchgenommen! Ein Mann, der mit seiner Nichtwahl ein Jahrzehnt
Zeitgeschichte geschrieben und die Verhältnisse in Bayern über den Haufen
geworfen hat! Daran ändert sich auch dadurch nichts, dass Franz Müntefering
später
noch einmal vorübergehender Parteivorsitzender der SPD geworden ist und
Andrea Nahles heute tatsächlich das Amt der Generalsekretärin bekleidet. So
verwirrend ist
halt die Bundespolitik.
Entscheidend ist doch allein die Frage:
Verdankt nicht der heutige CSU-Vorsitzende und bayerische Ministerpräsident
Horst Seehofer seine hohen Ämter ausgerechnet der roten Heidi,
die 2005 nicht schnell genug erkannte, dass sie unbedingt
Entwicklungshilfeministerin bleiben möchte?
Aber lassen wir das.
Fragen Sie mich bitte NIE MEHR,
warum ich nicht in die hohe Politik gehe!

Geld regiert die Welt – aber nicht München!

Money makes the world go round. Geld regiert die Welt. Wirklich die ganze Welt, so sagt man. Alles ist käuflich, keiner rührt einen Finger ohne Kies. Alles wird vom schnöden Mammon beherrscht.

Alles? Die ganze Welt? Nein! Am Fuße der Alpen, an der Isar gelegen, gibt es ein Millionendorf, in dem die Eingeborenen und die Zugereisten mit Zahlungsmitteln noch nichts anzufangen wissen, deshalb ihre kindliche Unschuld bewahren konnten und immun sind gegen die teuflischen Versuchungen des Zasters!

Das ist eigentlich kaum zu glauben, da München als besonders »geldige« Stadt gilt, in der die Reichen recht zahlreich sind und ihren Reichtum auch gerne zur Schau stellen, aber während des Stadionbaus haben wir gelernt, dass Geld hier keine Rolle spielt, selbst wenn es fließt, und das sogar reichlich. Jedenfalls ergibt sich dies zweifelsfrei aus den Einlassungen der Beschuldigten vor der Staatsanwaltschaft.

Nehmen wir nur die alpenländische Firma, die das Stadion draußen in Fröttmaning baut. Während alle Unternehmen dieser Branche voller Geldgier und Profitsucht nur noch grübeln, wie man in Zeiten wie diesen aus Bauvorhaben überhaupt noch einen Gewinn herausschlagen kann, haben hier die uneigennützigen Manager der selbstlosen Firma nur nachgedacht, wie man ganz schnell ein paar Millionen unter die Leute bringen könnte. Ohne Hintergedanken, von niedrigen Beweggründen ganz zu schweigen. Einfach aus tief empfundener Dankbarkeit für die Schönheit des Millionendorfes und die Kühnheit seiner Stadionpläne. Man hat dann aber alles an eine Adresse überwiesen. Einfachheitshalber. Und natürlich ohne jede Gegenleistung, sonst wäre die Dankbarkeit missverstanden worden und das Geschenk kein Geschenk gewesen. Nur ein Schuft kann daran zweifeln. Alpenländer sind halt nicht so »ruachert«, dass sie für ein paar lumpige Millionen eine Gegenleistung erwarten. »Nieder mit dem Profit! Wir verschenken Millionen!« Mit diesem alpinen Kampfruf wurde die ansonsten weltweite Herrschaft des Geldes erschüttert wie noch nie. Ausgerechnet in München, ausgerechnet im Schatten des Profifußballs, ausgerechnet in der Baubranche. Das grenzt nicht nur an ein Wunder – das ist eins!

Gleichwohl hätten die Moneten – schon wegen ihrer durchaus beachtlichen Summe – auf der Empfängerseite konventionelle Pflichtgefühle wachrütteln können, etwa nach dem kleinbürgerlichen Motto: »Bei solchen Beträgen muss man sich doch auch irgendwie erkenntlich zeigen!«

Ja, überall auf der Welt hätte es womöglich solche Reaktionen gegeben – aber nicht in München!

Da hat man den Zahlungseingang erst gar nicht bemerkt, sodass man ihn nicht einmal ignorieren musste – und die Allmacht des Geldes versickerte unbemerkt in der Münchner Schotterebene wie Wasser im Wüstensand.

Von wegen: Geld regiert die Welt. Das mag anderswo so sein, aber bei uns hat Geld nichts zu melden. Hier fließt es nur. Wie die Isar. Ganz natürlich. Und spurlos vorüber.

PS: Eigentlich sollte dieser Text nur die Bestechungs-affäre um die neue Fußball-Arena kommentieren. Doch das Prinzip, dass Geld in München einfach so dahin-fließt, ohne Gegenleistung und ohne Wirkung, sollte aktuell bleiben: Anfang 2011 wurde ein Vorstandsmit-glied der Bayerischen Landesbank, das bereits wegen Misswirtschaft hatte gefeuert werden müssen und nun jährlich 500 000 Euro ohne Gegenleistung bezog, ver-haftet, weil es von der Insel Mauritius und den Virgin Islands 50 Millionen überwiesen bekommen hat. Ein-fach so. Ohne Gegenleistung natürlich. Das Geld ist einfach von den Inseln herübergeschwappt. Vielleicht waren es bloß die Gezeiten. Fragen, ob der Landesban-ker für das kleine Sümmchen nicht doch etwas hat tun müssen, sind vollständig unangebracht. Schließlich musste er als »freigestelltes Vorstandsmitglied« nicht einmal für sein Gehalt etwas tun – warum also für mil-de Gaben aus dem Indischen Ozean?

Dialog mit dem Prekariat

Hey, du da drunten!
 Ja, du. Du fei nix unten.
 Bei uns gibt's nix unten.
 Hier nix Unterschicht, wir Demokratie.
 Verstehst du? Nix Unterschicht, nur Prekariat.
 Du nix Job, weil Baulos Arge V pleite,
 du jetzt Prekariat. Ja, Prekariat.
 Deutsche Sprache, schöne Sprache.
 Verstanden?
 Was soll das heißen: Du nix verstehen?
 Das kommt von »prekär«, klar?
 Nix verstehen. (Jetzt weiß der Depp mit seinem Migrationshintergrund
   nicht einmal, was prekär heißt.)
   Also: prekär, das ist … mein Gott, wie erkläre ich das …
   das sagt man, wenn's ziemlich prekär ist …
   also … mei, prekär, des is …
   wie soll ich da sagen?
   Ziemlich beschissen, aber nicht ganz!
   Wenn du nix Job oder nur Zeitarbeit, dann du prekär.
   Dann du Prekariat, alles klar?
   Wenn du Prekariat, dann du bekommen ALG 2.
   ALG 2 gut für Prekariat. ALG 2 so ähnlich wie ALG 1, nur weniger.

Deshalb ziemlich prekär.

Was soll das heißen: Du nix verstehen?

ALG 2 ist Herzstück von Hartz IV.

Du kennen Hartz IV?

Nein? Das ist ja wieder mal typisch.

Mei, des is doch ganz einfach:

Hartz IV kommt nach Hartz I, II und III. Kapiert?

Was ist los?

Was in Hartz III steht?

Keine Ahnung.

Des is ja auch wurscht.

Du Prekariat, du nur Hartz IV.

Du kennst doch Hartz!

Nein, nix Gebirge. Peter Hartz!

Großer VW-Mann. Kennst du doch vom Fernsehen!

Was? Aha, den kennt er:

»Ficki-ficki-machen-lassen in Brasilien, Firma zahlen.«

Typisch, das weiß er.

Ja, Hartz großer Reformer.

Und Hartz IV ist Herzstück von AGENDA 2010.

Was? Du nix verstehen?

Also AGENDA … mei, des ist Latein.

Mei, immer wenn wir mit dem Volk reden,

dann reden wir lateinisch,

wie die katholische Kirche,

damit's jeder versteht, verstehst?

Ach Gott, das versteht er auch nicht.

AGENDA – das is sowas wie eine To-do-Liste.

Halt Sachen, die man machen muss, aber auf lateinisch.

AGENDA 2010 große To-do-Liste,
Herzstück davon ist Hartz IV,
dort steht ALG 2,
und ALG 2 kriegst du bei der ARGE!
Nein, nicht ARGE von Baulos V,
die pleite, deshalb du Prekariat!
Du kriegen ALG 2 von ARGE für Prekariat,
das ist die ARGE von der Stadt und der Agentur,
die mal Anstalt hieß.
Ja, genau, das frühere Arbeitsamt, na endlich.
Wie viel ALG 2 du kriegst, steht in SGB zwei.
Kapiert?
Was soll das heißen: »Was soll das heißen?«
Das weiß ich doch nicht. SGB zwei ist halt eine
Abkürzung.
Wahrscheinlich gibt's da mehrere. Deswegen
»zwei«.
Auf jeden Fall gibt's nach dem SGB zwei das
ALG II bei der ARGE,
so steht's bei Hartz IV aus der AGENDA 2010.
Herrschaftszeiten! Jetzt sprechen wir eine so
klare Sprache,
aber das Prekariat will uns einfach nicht verste-
hen!

*Dieser Text entstand während der Gesetzgebung zum
SGB II, auf Wunsch meiner Parteifreunde habe ich ihn
bei vielen sozialdemokratischen Kabarettabenden – weg-
gelassen. Inzwischen erfreut er sich wieder höherer
Akzeptanz, weil die Frage interessiert, warum untere
Einkommensgruppen die Politik der Regierung Schröder nicht so gut verstanden haben.*

Ein Denkmal in der Wall Street!
oder: Gerechtigkeit für Adele Spitzeder

Wissen Sie: Eigentlich kann die Frau mir ja wurscht sein.

Nein wirklich: Ich habe mit ihr nichts am Hut.

Schon allein, weil sie schon so lange tot ist.

Da könnte man sagen: Schwamm drüber!

Aber mir geht's auch gar nicht um diese Frau, sondern ums Prinzip!

Um Gerechtigkeit, um es genau zu sagen.

Auf Gerechtigkeit haben schließlich alle Frauen einen Anspruch,

zumindest wenn sie schon lange tot sind.

Das ist ja eine der Grundlagen eines christlichen Abendlandes.

Die Hexen zum Beispiel, also all die Frauen,

die in Bayern als Hexen verbrannt worden sind,

übrigens bis ins 18. Jahrhundert hinein,

die haben auch alle Gerechtigkeit erfahren ein paar Jahrhunderte später.

Da hat die katholische Kirche dann ganz selbst-kritisch gesagt:

»Des hätt's fei net braucht.« Wie man halt so sagt bei unnötigen Geschenken.

Also das ist doch das Mindeste: Dass man nach einem Fehlurteil ganz

selbstkritisch

sagt: »Des hätt's fei net braucht.«

Diese Hexenprozesse waren ja wirklich eine Schande,

von heute aus betrachtet, mit unserem heutigen Wissen,

vor allem die Beweisführung:

Man hat sie gefesselt ins Wasser geworfen

und wenn sie oben geblieben sind, war das der Beweis,

dass sie Hexerei trieben.

Und wenn's dersoffen sind, hat das zwar ihre Unschuld bewiesen,

aber halt ein bisserl zu spät.

Ja, es war nicht immer lustig im Abendland,

aber das ist uns wenigstens bewusst.

Und die Opfer wurden rehabilitiert, manchmal sogar richtig verehrt.

Die Agnes Bernauer zum Beispiel,

die hat dem jungen Herzog so den Kopf verdreht,

dass er doch glatt das Luder geehelicht hat.

Das ging natürlich nicht, weil sie eine Bürgerliche war,

und deshalb hat sich der alte Herzog zu einem Ehrenmord genötigt gefühlt

und sie ersäufen lassen.

Kann man irgendwie verstehen, sagen die Historiker.

Halt aus der Zeit heraus, und überhaupt.

Aber fromm und gottesfürchtig, wie wir Bayern nun einmal sind,

hat man der Toten eine ewige Messe gestiftet

und eine Kapelle gebaut und Schulen nach ihr benannt

und sogar eine Straße.

Da meine ich: So eine Gerechtigkeit wenigstens nach dem Tod

hätte auch die Adele Spitzeder verdient,

weil wir sie heute ganz anders beurteilen

und eigentlich richtig verehren müssen.

Jetzt sagen Sie bloß, Sie kennen die Spitzederin nicht!

Das ist ja nicht zu fassen!

Dann ist ja diese großartige und zukunftsweisende Frau

tatsächlich durch ein Fehlurteil der bayerischen Justiz

aus dem Gedächtnis des Volkes gelöscht worden!

Ein schreiendes Unrecht!

Also: Die Spitzederin lebte Anfang des 19. Jahrhunderts im Dachauer Land,

gründete eine Privatbank und zog für ihre Geschäfte nach München.

Und dort entwickelte sie ein wirklich geniales Geschäftsmodell!

Sie zahlte 10 Prozent Zinsen!

Stellen Sie sich vor: 10 Prozent in der damaligen Zeit!

Nicht kümmerliche Brosamen wie Ihr Geldinstitut heute,

sondern 10 Prozent!

Aber jetzt kommt erst die Besonderheit:

Nicht im Jahr, sondern im Monat!

Und jetzt kommt erst das Tollste:
Die ersten zwei Monatsraten, also 20 Prozent,
bekam man schon bei der Einzahlung ausbe-
zahlt!
Man stelle sich das plastisch vor:
20 Prozent im Voraus bar auf die Kralle!
Da macht Kasse sinnlich!
Das war doch, wie man heute sagen würde,
ein phantastisches innovatives Finanzprodukt!
Die Münchner drängten sich, um ihr Geld zur
Spitzederin zu tragen,
sie standen Schlange im Treppenhaus und fleh-
ten die gute Frau an,
ihr Geld anzunehmen, weil sie dringend auf die
Zinsen angewiesen seien.
Die Spitzederin hatte eine lesbische Freundin,
die im Treppenhaus die bedürftigen Münchner
über die lange Wartezeit hinwegtröstete:
Wenn sie Glück hätten, könnten sie noch heute
Abend
ihr Geld abliefern und die ersten Zinsen kassie-
ren,
eine profitablere Anlage gebe es bei keiner Bank
auf der Welt.
Sie könne sich da nämlich wirklich ein Urteil er-
lauben,
weil sie die Verhältnisse ganz genau kenne.
Praktisch war die lesbische Freundin die erste
Rating-Agentur der Welt.
Und die Spitzederin hielt tatsächlich Wort:
Wer hundert Taler ablieferte, bekam die ersten
zwei Monatsraten

der traumhaften Zinsen sofort auf die Hand.

Gut, nobody is perfect.

Auch die Spitzederin nicht
und der Rest des Geldes war einfach futsch,
auf Nimmerwiedersehen.

Aber von irgendetwas mussten die Spitzederin
und ihre Rating-Agentur
schließlich leben.

Aber sie hat das Geld ja niemandem abgenommen,
es wurde ihr regelrecht aufgedrängt!

Und ihr Gewinn war geradezu kümmerlich
im Vergleich zur Abfindungszahlung,
die heutzutage ein Vorstand der Landesbank
kassiert,
wenn er ein paar hundert Millionen in den Sand
gesetzt hat und deshalb sein segensreiches Wirken
alsbald beenden muss.

Deshalb hätte man doch nicht die Spitzederin
gleich vor Gericht zerren
müssen!

Das Terror-Urteil lautete sogar auf Zuchthaus!

Bedenken Sie: Zuchthaus!

Eine bayerische Justiz-Schande, wo doch die
Gerichte stets bedenken
müssen,
dass das internationale Finanzkapital auf jedes
Rascheln im Paragraphenwald
wie ein scheues Reh reagiert. Schon jede bloße
Drohung, künftig das Gesetz
anwenden zu wollen, kann Finanzinvestoren
abschrecken und das eigene

Land

als Finanzplatz ruinieren. So gesehen hat das königlich-bayerische

Amtsgericht

nicht nur ungerecht entschieden, sondern unverantwortlich, standortpolitisch gesehen.

Dabei war der einziger Fehler der Spitzederin, dass sie nicht systemrelevant war.

Also im Prinzip viel zu klein und bescheiden.

Sonst hätten die Wittelsbacher einen Schutzschirm aufspannen müssen,

damit ihnen nicht ganz Bayern zusammenkracht!

Aber diese Bescheidenheit hätte doch der Spitzederin

niemals zum Nachteil gereichen dürfen!

Aber nein, das Königreich Bayern in seinem Unverstand

hat die Gläubiger leer ausgehen lassen

und damit im Grunde genommen den Schaden erst selber verursacht

und die Erfinderin innovativer Finanzprodukte samt ihrer lesbischen Rating-Agentur

ins Zuchthaus geschickt!

Dabei war doch am Anfang bei allen Geschäften der Spitzederin

alles gut gegangen.

»Am Anfang«, sagte der Sprecher der Bayerischen Landesbank

2008 zu den Schrottpapieren seines Instituts,

»ist doch alles gut gegangen.«

Das muss doch reichen!

Wenn es heute noch bei der Landesbank reicht,
dann kann man auch von der Spitzederin nicht
mehr verlangen.

Und deshalb fordere ich wenigstens nachträglich
Gerechtigkeit

für Adele Spitzeder, die Mutter aller Landes-
banken:

Ein Denkmal in der Wall Street!

Im städtebaulichen Wildschweingehege

Liebe Kolleginnen und Kollegen, verehrte Trauergemeinde!

Ich soll zu Ihnen sprechen. Warum, weiß ich selber nicht. In der *Süddeutschen Zeitung* lese ich gelegentlich, dass ich launige Plaudereien zum Besten gegeben haben soll. Das würde zu dieser tristen Standortbeisetzung aber überhaupt nicht passen.

Die Antwort, warum ich trotzdem hier sprechen soll, fand ich dann aber in einer Lokalspitze von Joachim Käppner. Ich zitiere:

»Das Schöne, ja Beeindruckende am Herrn Oberbürgermeister ist, dass er fast in jeder Situation so wirken kann, als habe er sich nie besser amüsiert; dass er noch im Hinterzimmer des Wirtshauses zur letzten Einkehr den Eindruck vermittelt, als habe er seit Jahren nicht mehr in einer so geistreichen Runde gesessen.«

Wenn das wahr ist – und alles, was in der *Süddeutschen Zeitung* steht, ist selbstverständlich wahr, sonst stünde es ja nicht dort –, dann muss es mir auch gelingen, selbst dieser trauernden Zusammenkunft im Verlagshaus zur letzten Auskehr einen gehörigen Schuss gute Laune zu vermitteln. Und im Übrigen stimmt es ja wirklich: Ich habe noch nie in einer so geistreichen Runde gesessen!

Da kann und will mir jetzt mal ausnahmsweise niemand widersprechen!

Eigentlich könnte ich meinen Kommentar zum Umzug ganz kurz fassen: Wer aus der Sendlinger Straße, dieser geschichtsträchtigen 1-a-Lage, nach Steinhausen, also in ein städtebauliches Wildschweingehege umzieht, muss ein ziemlicher Depp sein!

Aber das kann ich natürlich nicht sagen. Denn Journalisten sind ja so empfindlich! So unglaublich sensibel! Richtig mimosenhaft! Wer selber dauernd austeilt, muss deswegen noch lange nicht einstecken können, das ist doch logisch. Wenn man selber einstecken müsste, was man vorher austeilt, wäre ja der ganze Aufwand umsonst gewesen!

Deshalb ist bekanntlich jede ironische oder gar ernsthaft boshafte Aussage über ein Presseorgan und seine Redaktion ein unerträglicher Angriff auf die Pressefreiheit.

Deshalb kein Wort der Kritik! Aber wundern muss ich mich schon, dass all die kenntnisreichen Leute hier demnächst nach Steinhausen umziehen werden. Da frage ich mich als Münchner Oberbürgermeister, ein wenig gekränkt wie ein zurückgewiesener Liebhaber: Was hat Steinhausen, was München nicht hat?

Sagen Sie jetzt bitte nicht, die Frage sei falsch gestellt, weil Steinhausen ja ein Teil Münchens sei. Das mag im Grundbuch seine Richtigkeit haben, aber das merkt in der Praxis kein Mensch. Vor allem glaubt es keiner. Trösten wir uns also nicht mit versehentlich vorgenommenen Eingemeindungen über die bohrende Frage hinweg: Was hat Steinhausen, was München nicht hat?

Die Antwort gibt wie so oft die *SZ*-Architekturkritik: Während München seit Jahrhunderten unaufhaltsam seinem endgültigen Niedergang entgegenmodert, kann Steinhausen, ebenso wie das bewunderte Gütersloh und andere wahre Weltmetropolen, mit einer »faszinierenden Unfertigkeit« aufwarten, ja sogar mit einer »beflügelnden Unaufgeräumtheit«.

Kein Wunder also, dass dies kreative Köpfe magisch anzieht!

Und noch etwas: Die Grandiosität der kurzen Wege! Während München seit den Olympischen Spielen, die ohnehin ein Desaster waren, das die *SZ*-Sportredaktion nie mehr in der bayerischen Landeshauptstadt erleiden möchte, zu einem einzigen Dirnensperrbezirk wurde, lockt Steinhausen mit einem sogar mehrköpfig besetzten Gewerbegebietsstrich – eine metropolitane Verruchtheit, die unsere kleine, winzige, spießige, muffige Landeshauptstadt, wie im Feuilleton so gerne gespottet wird, schmerzlich vermissen lässt.

Das neue urbane Umfeld der *SZ*

Vor allem aber bietet Steinhausen viel bessere Arbeitsbedingungen, für Journalisten jedenfalls. Man muss ja nur vor die Haustüre treten, und schon erlebt man am eigenen Leib die wirklich großen Themen der Gegenwart: Die Einsamkeit des Großstadtmenschen, die Unwirtlichkeit der Städte, die Verödung großer Landstriche im Osten, das Fehlen öffentlicher Verkehrsmittel und ausreichender Kulturangebote sowie Einkaufsmöglichkeiten in weiten Landesteilen. Das alles lässt sich im Hochhaus am Rand des Münchner Ostens mit einem Blick aus dem Fenster sehen oder mit wenigen Schritten erkunden. Endlich wird die *SZ*-Redaktion mittendrin im Leben und auf der Höhe der Zeit sein! In der Sendlinger Straße hingegen sah man vor lauten Leuten die großen Themen nicht und versumpfte schnell im gastronomischen Überangebot der Umgebung.

Manchmal frage ich mich allerdings, ob es nicht auch sein könnte, dass die *Süddeutsche* von der Schrannenhalle vertrieben wurde. Damit meine ich allerdings nicht das Investoren-Modell, das von der Lokalredaktion so heftig gescholten wird, weil sie es wirklich verwerflich findet, wenn ein wirtschaftlich schwächelndes Unternehmen ein Denkmal in der Altstadt *errichtet*, statt es – wie es sich offensichtlich gehört – schleunigst *zu verlassen*. Nein, ich meine die Nutzung von Baudenkmälern in der Altstadt, die jetzt von der Schrannenhalle auf die Sendlinger Straße hinüberschwappt.

Ich für meinen Teil finde die Nutzung der

Schrannenhalle ja wenig überzeugend, aber die *SZ* scheint sie so toll, so super, so fabelhaft zu finden, dass sie für so eine Nutzung sofort auch in der Sendlinger Straße Platz machen wollte: Wo heute noch Leitartikel und Wirtschaftsreportagen in den Computer getippt werden, das eine so überflüssig wie das andere, wird man bald venezianische Karnevalsdekoration kaufen oder einen Tätowiersalon aufsuchen können oder eine Sushi-Bar. Das nenne ich Kundenfreundlichkeit!

Beschämt denke ich an die alten Zeiten in der Lokalredaktion, als ich durch die hellhörige Holztüre Joachim Kaiser im Nebenzimmer die jüngste Opern-Kritik mit fröhlichem Singsang in der Stimme diktieren hörte. Immissionsschutzrechtlich war das wahrscheinlich ohnehin unzulässig. Was für ein Fortschritt, wenn künftig hier ein Nagelstudio residiert oder ein Unternehmensberater, der sicher noch viele Umzugsvorschläge auf Lager hat.

Sagen Sie jetzt bitte nicht: Wir hier in der Redaktion wollten den Umzug eigentlich gar nicht. Ich bitte Sie! *SZ*-Redakteure schreiben täglich den Politikern, Wirtschaftskapitänen und Kirchenvätern dieser Welt und allen Theaterleuten und Filmemachern des deutschsprachigen Raumes ins Stammbuch, wie man richtige Entscheidungen trifft und durchsetzt – da können Sie jetzt doch nicht sagen, Sie seien selber dazu nicht einmal im eigenen Haus in der Lage. Nein, nein, stehen Sie zum Umzug, den Sie so kraftvoll begleitet haben!

Dabei gebe ich ja zu, dass es unerschrockene Lokalredakteure gab, die allen Ernstes glaubten, den Turmbau zu Steinhausen noch verhindern zu können, wenn man nur ein allgemeines Verbot von Hochhäusern hinbekäme. Deshalb wurde monatelang den Lesern das Fürchten gelehrt mit atemberaubenden Fotos, auf denen die Hochhäuser am Stadtrand hergezoomt wurden, als ob sie zwischen den Türmen und der Kuppel der Theatinerkirche stünden oder zwischen Rathaus und Altem Peter. Aber der Steinhauser Turm wurde nach all diesen schrecklichen Fotoszenarien nur gestutzt, nicht gestoppt. Jetzt heißt's halt nur »ganz weit raus«, aber nicht »ganz hoch rauf«.

Aber die *SZ* ist wie immer fein heraus: Da sie in den letzten Tagen vor dem Bürgerentscheid, als es eh schon zu spät war, nach den Hochhäusern auch die Hochhauskritiker in die Pfanne haute, kann sie jetzt ihre Hände in Unschuld waschen und abermals den Provinzialismus dieser Stadt anprangern, den sie mit einem auf 100 Meter gestutzten Turm eindrucksvoll unterstreicht. Respekt! Immerhin bieten die neuen Redaktionsräume im Hochhaus doch auch die Chance, althergebrachte Themen von etwas höherer Warte aus zu sehen.

Wie wäre es zum Beispiel, wenn der »Adventskalender der guten Taten« sich endlich einmal der unverschuldet in Not geratenen Verlegerfamilien annähme? Textprobe gefällig?

»Mit letzter Kraft stemmt der arme Erbe die viel zu schweren Hanteln in die Höhe, die Schweißperlen stehen auf der Stirn, aber die Puste lässt halt doch mit dem Alter nach. Es ist schon eine Plackerei, sagt er, wenn man täglich im eigenen Fitnessstudio schuften muss, aber die *Gewinnausschüttung* im letzten Jahr reichte nicht einmal für das Nötigste. Dabei wäre etwas zum Anziehen wirklich überfällig, entfährt es ihm mit erstickender Stimme. Aber dank der Großzügigkeit der neuen Gesellschafter ist jetzt vielleicht sogar mal ein Urlaub drin, ganz ohne finanzielle Sorgen. Da leuchten die Augen des Erben voller Dankbarkeit und spiegeln feucht das Licht der Adventskerze.«

Eine unerbittliche Frage ist freilich noch zu stellen: Was bleibt überhaupt? Und zwar von der *Süddeutschen Zeitung?* Und zwar in der Sendlinger Straße? Immerhin wurde hier Zeitungsgeschichte geschrieben, man könnte getrost auch sagen: Zeitgeschichte.

Da wäre es nicht abwegig, an die mehr als 60 Jahre zu erinnern – aber wie? Der Vorschlag des Oberbürgermeisters, eine Gedenktafel anzubringen oder in einem Schaufenster eine alte Setzmaschine und historische Ausgaben zu zeigen, wurde zum Glück vom lokalen Kulturteil sofort in der Luft zerrissen, gebrandmarkt als Ausdruck neuer Spießigkeit und tiefster Provinzialität. Natürlich musste ein Wettbewerb her, um das Gedenken an die verschwundene Zeitung in zeitgemäßer Formsprache wachzuhalten. Schnell war sich die hochkarätige Jury einig, dass der Hinweis auf das frühere Redaktionsgebäude nicht nur ***unverständlich***, sondern vollkommen ***unsichtbar*** sein müsse, um höheren ästhetischen Ansprüchen zu genügen.

Die Lokalredaktion kämpfte allerdings gleichzeitig mit einer 86-teiligen Artikelserie für Messingplatten auf dem Bürgersteig gleich neben dem Gully der Sendlinger Straße, mit dem mahnenden Text »Hier erschien bis 2008 die *Süddeutsche Zeitung*«, aber dann kränkte es doch das Selbstwertgefühl der Chefredaktion, dass alle Passanten im Wortsinn einfach über diesen Ort des Gedenkens hinweggehen würden.

So kamen andere Vorschläge in die engste Wahl, zum Beispiel ein Laserstrahl, der täglich nach Mitternacht einige Sekunden am Littmann-Gebäude vorbeileuchten sollte, so mit den Mitteln neuer Medien das allseits beliebte Streiflicht symbolisierend.

Der Entwurf, wonach eine Handvoll *SZ*-Redakteure jeden Abend »Muss i denn, muss i denn zum Städtele hinaus« singen sollte, wurde zwar von der Jury mit einem Ankauf bedacht, weil er der konzeptionellen Anforderung an eine transitorische Kunstaktion mit diskursivem Charakter am besten zu entsprechen schien, wurde aber dann doch verworfen, weil man sich nicht sicher war, ob alle Touristen die ironische Verfremdung als solche erkennen würden.

Deshalb setzte sich wieder einmal der Vorschlag durch, einige Platten des Bürgersteigs zwischen der rechten und der linken Straßenseite auszuwechseln, und zwar alle 60 Jahre aufs Neue, um mit dieser »chronischen Intervention in die Bepflasterung des Bürgersteigs« gleichzeitig den Wandel wie auch die Konstanz der Sendlinger

Straße zu dokumentieren. Der städtische Kultur-referent lobte ausdrücklich, dass der alle 60 Jahre erfolgende Austausch vom Publikum praktisch nicht wahrgenommen werden könne und so die Seltenheit des Umzugs sinnlich erlebbar mache. Auf den ebenso kleinkarierten wie peinlichen Ein-wand einiger Stadtratsmitglieder, manche Leute würden wissen wollen, wo mal die *Süddeutsche Zeitung* gewesen sei, wurde dann doch noch um des lieben Friedens willen eine Gedenktafel an-gebracht, die den erstmals 2068 anstehenden Aus-tausch der Gehsteigplatten kunstpädagogisch auf-bereitet.

Was für ein Happy End! Dank dieser Erläute-rungstafel wird niemand sagen können, von der SZ sei in der Sendlinger Straße nichts übrig ge-blieben.

Das wäre jetzt ein schöner Schluss gewesen! Aber viel zu hämisch. In Wirklichkeit ist mir ja zum Heulen zumute. Die *SZ* in der Sendlinger Straße war der tollste Abenteuerspielplatz meiner Kind-heit. Wenn mein Vater seine Artikel im Feuilleton oder im Lokalteil abgab, womit er schon in den 20er-Jahren unter Eugen Roth begonnen hatte, durfte ich Paternoster fahren. Das waren damals noch Holzkabinen, in denen es nach Schmieröl und Druckerschwärze gleichermaßen roch, und es war eine tollkühne Mutprobe, in der Kabine aus-zuharren, wenn sie obenherum oder untenherum an den riesigen Zahnrädern vorbeigeschoben wur-de. Später habe ich hier selber meine bedeutsamste medienpolitische Lektion erhalten – in einer Kabine des Paternosters, zwischen Erdgeschoss und erstem Stock. Generaldirektor Dürrmeier senior hatte die Wochenendausgabe dabei und nahm den redaktionellen Teil in die rechte, den sehr viel dickeren Anzeigenteil in die linke Hand. »Das hier, junger Mann«, sagte er zum redaktionellen Teil, »kostet uns viel Geld«, dann hob er den Anzeigenteil hoch und meinte: »Und davon leben wir.« Nie sind mir die Grundlagen des Zeitungsgeschäfts treffender erläutert worden. Eigentlich hätte ich ja seitdem auf alles vorbereitet sein müssen, auch auf den Umzug.

Aber die *Süddeutsche* in der Sendlinger Straße war in meinem Verständnis so eine unverrückbare Größe der Altstadt wie der Dom oder der Alte Peter, wie das Polizeipräsidium an der Löwengrube oder die Augustinerbrauerei an der Landsberger Straße.

Was für ein schrecklicher Gedanke: Werden auch Präsidium und Brauerei mal an den Stadtrand ziehen, um einem Investoren-Modell Platz zu machen? Ich glaube nicht. Dafür haben die Polizei und die Bierbarone einfach zu viel Geschichtsverständnis und Kultur.

Im Nachhinein muss man freilich eingestehen, dass die Höhenlage der Redaktion tatsächlich auch ihr Gutes hat. Dort oben entsteht eine natürliche Distanz zum Boden der Tatsachen, auf dem man früher allzu oft verharrte, und der Blick reicht bis zur Alpenkette, was bereits zu der kühnen Eingebung führte, der Münchner

Oberbürgermeister sei in besonderer Weise für Streitigkeiten in der zum Greifen nahen Marktgemeinde Garmisch-Partenkirchen verantwortlich. Vor allem aber verdanken wir Münchner Leserinnen und Leser dem ausgeweiteten Sichtfeld der Redaktion nunmehr drei- bis vierspaltige Reportagen über Ebersberger Verkehrsunfälle mit Blechschaden.

Selbstkritisch fragen wir uns, wie wir es jahrzehntelang ohne solche Basisinformationen ausgehalten haben.

Durchs Münchner Jahr

Weißwurst im ewigen Licht

Wenn ich im Fernen Osten genötigt werde, auf Hühnerhälsen herumzuknabbern oder gegrillte Seepferdchen zu verzehren, schwöre ich mir heimlich, dass die Rache süß sein wird wie der Senf zur Weißwurst. Und die Weißwurst selbst – ist die Rache!

Irgendwann kommen ja die chinesischen Gastgeber zum Gegenbesuch an die Isar, und da führt dann kein Weg vorbei am traditionellen Weißwurstessen. Das verlangen Sitte und Brauchtum. Da mag es die Asiaten schütteln, wie es will. Da wird gezuzelt, was auf den Tisch kommt! Schließlich ist die Weißwurst ein Kulturgut. Und wahre Gastfreundschaft kennt keine Gnade. Irgendwie gibt es schon zu denken, dass es immer wieder heißt, die Weißwurst komme unserer Münchner Wesensart entgegen …

Aber jetzt muss sie gewürdigt werden! Schließlich konnte sie bereits ihren 150. Geburtstag feiern. In norddeutschen Publikationen heißt es zwar dröge: »Die Münchner Weißwurst ist 150 Jahre alt«, aber das soll wohl so klingen, als sei man auf der Suche nach Gammelfleisch fündig geworden. Wir sprechen lieber vom Jubiläum.

Wie sich das in der Geburtsstunde zugetragen hat, wissen wir Eingeborenen ganz genau, schließ-

lich haben wir dies schon unzählige Male aus-
wärtigen Gästen erzählt: Es war in der Faschings-
zeit, direkt am Marienplatz, in der Kaschemme
»Zum ewigen Licht«, beim Gastwirt Moser Sepp,
der sich jüngeren Forschungen zufolge mit zwei o
geschrieben hat. Ihm gingen am 22. Februar 1857
die Schafsaitlinge für seine Kalbsbratwürste aus,
sodass er sein Brät in dickkalibrige Schweine-
därme füllte, die er dann in heißem Wasser brühte,
weil er fürchten musste, dass sie beim Braten plat-
zen würden. Fertig war das Leibgericht!

Allerdings will unser Stadtarchiv herausgefun-
den haben, dass die Geburt der Weißwurst im ewigen Licht gar nicht verbürgt sei. Ja, Würste dieser
Art soll es in Frankreich schon im 14. Jahrhundert
gegeben haben.

Weißwurst mit Stäbchen

Das wirft schon einige Fragen auf! Erstens: Haben die bei der Stadt nichts anderes zu tun? Zweitens: Wir haben eine Legende, brauchen wir da auch noch historische Quellen? Und drittens: Ist es für München nicht besonders ruhmreich, wenn die einzige Großtat der französischen Küche nur hierzulande gebührend gepflegt wird?

Man sollte bei der Weißwurst nicht alles zu genau wissen wollen. Die Stadtverwaltung hat am 15. März 1972 allen Ernstes im Amtsblatt »Die Zusammensetzung von Weißwürsten« bekannt gegeben. Da heißt es: »Dem entsehnten Fleisch werden gekochte, ausgelöste Kalbskopfteile mit Haut, Bindegewebsteile von Kälbern sowie gekochte Schwarten von Jungschweinen zugesetzt. Bei der Untersuchung des Fertigproduktes dürfen keine höheren Werte als 25 % Fremdwasser und 30 % Fett festgestellt werden.«

Kalbskopfteile, Jungschweineschwarten, Fremdwasseranteil – wem läuft da nicht das Wasser im Mund zusammen?

Schlimmeres über die Weißwurst hat nur mein Vater formuliert. Es hätte fast seine journalistische Laufbahn vernichtet, als sie eben erst beginnen sollte. Eugen Roth hatte als Lokalredakteur der *Münchner Neuesten Nachrichten* den jungen Rheinländer beauftragt, aus der Sicht eines Zuagroasten Münchner Szenen zu schildern. Mein Vater, ansonsten ein Mann von sprachlicher Noblesse, wollte doch tatsächlich drucken lassen, die Münchner Spezialität, die angeheiterten Gästen in Faschingshochburgen nach Mitternacht untergejubelt werde, sehe aus » wie der erigierte Penis einer Wasserleiche «. Was für ein Glück für die publizistische Laufbahn meines Vaters, dass Eugen Roth diesen die bayerische Volksseele bis aufs Blut reizenden Satz herausstrich! Damals gab es noch pflichtbewusste Redakteure!

Faschingsmuffel im Endspurt

Na ja. Der Münchner Fasching ist auch nicht mehr, was er einmal war. Oder zumindest gewesen sein soll. Da gibt es ja berauschende Legenden. Von durchzechten Nächten in traumhaften Kulissen, vom Tanzvergnügen bis zum frühen Morgen, von narrischem Treiben in Faschingshochburgen, von der Verwandlung privater Heizungskeller in verführerische Etablissements, von der Riesengaudi am Rande des Faschingszugs ...

Riesengaudi? Dass ich nicht lache. Traurigere Mienen habe ich nur bei Bestattungsfeiern gesehen. Deshalb ist er wohl auch sanft entschlafen, der Münchner Gaudiwurm.

Finden wir uns einfach damit ab: München muss ja nicht überall Spitze sein. Wenn die rheinischen Frohnaturen unbedingt Deutscher Meister im narrischen Treiben sein wollen, sollen sie halt schunkelnd den Titel davontragen und uns bayerische Grantler in Frieden lassen. Wir wissen eben um den Ernst des Lebens.

Aber Halt! Beim fahrlässigen Herumzappen passiert es uns dann plötzlich doch, dass wir in eine Prunksitzung hineinrutschen, angesprungen werden von Funkenmariechen und Karnevalssängern, abgefüllt werden mit Herrenwitzen, dass es sich gleich aufs Gemüt legt. Und wenn sich mal tatsächlich so etwas Ähnliches wie eine Pointe in die Nähe der G'schaftlhuber vom Elferrat verirrt, wird ihr gleich mit einem dreifachen Tataaaa Tataaaa Tataaaa der Garaus gemacht.

Kann sich da der Münchner Fasching nicht doch sehen lassen? Nicht unbedingt in der Staatskanzlei, wenn der Ministerpräsident mit maliziösem Lächeln Lauinger Hexen, Donaualtheimer Bärentreiber, einen schwäbischen Hanswursten und exotische Sambatänzerinnen von der Augsburger Hollaria empfängt, aber doch im Endspurt, wenn »München narrisch« durch die Fußgängerzone tobt und die Marktfrauen mit immer farbenprächtigeren Kostümen und immer raffinierterer Choreographie zur Bewunderung ihres Schautanzes am Viktualienmarkt laden.

Da packt uns Münchner Gaudimuffel dann plötzlich doch die Torschlusspanik, und wir stürzen uns mit rotweißen Ringelhemden, Cowboyhüten oder leuchtenden Teufelshörnern oder einfach als Ölscheich ins ultimative Schlussgetümmel. Und da ist sie dann wieder, die lokalpatriotische Überlegenheit: Solche Marktfrauen sollen sie uns erst mal nachmachen, diese Rheinländer! Und hinterher ist ja noch Zeit für Eroberungszüge, wie sie der Monaco Franze so unnachahmlich als »Herr der sieben Meere« mit Piratentuch auf dem Kopf unternommen hat, getrieben von erotischer Sehnsucht, allzeit bereit zu einem flüchtigen Abenteuer …

Von wegen flüchtig! Anfang der 70er-Jahre konnte ich mit langer Perücke und revolutionären

Accessoires beim Themenfasching »Französische Revolution« in einer Schwabinger Kneipe eine Adelsfrau auf ihrem Weg zum Schafott so um den Finger wickeln, dass wir heute immer noch zusammen sind. Dabei hatte sie vor dem betörenden Faschingstreiben noch gestichelt, ich sähe »bescheuert« aus.

Welche Zauberkraft! Lassen wir mal dahingestellt sein, ob es an meiner prachtvoll langhaarigen pechschwarzen Perücke oder am gnädigen Schummerlicht der Faschingsdekoration lag: Irgendwie ist er schon fabelhaft, der Münchner Fasching.

Ein dreifaches
O mei! O mei! O mei!

Eigentlich sind wir Münchner ja ein ziemlich traditionsbewusstes Völkchen. Vor allem, wenn sich Sitten und Gebräuche bestens bewährt haben. Zum Beispiel das schöne Brauchtum, auf einen Faschingszug zu verzichten. Nachdem der Gaudiwurm auf allseitigen Wunsch zu Grabe getragen worden war, haben wir uns immerhin 36 Jahre lang an die letzte Ruhe gehalten. Keine überdimensionalen Pappmascheeköpfe auf Traktoren und Pferdegespannen durch die Altstadt zu zerren war schon zu einer altehrwürdigen Tradition aus dem letzten Jahrhundert geworden.

Aber im Jahr 2006 galt plötzlich nichts mehr, was unserem münchnerischen Wesen Ausdruck verliehen hat, und der Umzug erlebte seine Wiedergeburt.

Zu verdanken war diese Renaissance den damischen Rittern um Herzog Kasimir, der mir am narrischen Donnerstag zusammen mit allen Münchner Lieblichkeiten und Tollitäten, Hofmarschällen und Präsidenten der Faschingsgesellschaften die Aufwartung im Rathaus zu machen pflegte. Der Termin gehört zu den leichtesten und den schwersten Übungen eines Rathauschefs zugleich. Einerseits muss man sich nur zwischen die Prinzessinnen stellen, um auf liebreizenden Pressefotos zu erscheinen, andererseits muss man vor jeder Prinzessin das Haupt neigen und sich ihren Blechorden um den Hals legen lassen. Da kommt ein ganz schönes Gewicht zusammen! Herzog Kasimir sagte einmal angesichts meiner hochdekorierten Brust, solche Menschen würden dereinst weder begraben noch verbrannt, sondern verschrottet. Und dann schloss er seine Rede »mit einem donnernden dreifachen O mei! O mei! O mei!«. Das wenigstens unterscheidet uns Münchner Skeptiker noch vom Kölschen Helau-Gejaule.

Die Prinzessinnen können beim nicht enden wollenden Walzer übrigens wunderliche Dinge erzählen: Manchmal sind sie auf sechs oder sieben Bällen pro Tag unterwegs. Pro Tag! Es gibt ihn also noch, den Münchner Fasching, auch wenn mittlerweile die Wiesn als größtes Kostümfest der Stadt gelten kann. Mehr noch: Manches Faschingstreiben meldet steigende Tendenz.

Die Erklärung hat mir kürzlich Ellis Kaut geliefert, die Mutter des rotzfrechen, rothaarigen Pumuckl. Sie erzählte von ausgelassenen Faschingsnächten in einer Schwabinger Literatenwohnung, in der es allerdings mit den Ausschweifungen erst richtig losging, nachdem der kleine Bub der Gastgeber in seinem Nachthemd aufgetaucht war und sich mit Gutenachtküssen verabschiedet hatte.

Diese späte Enthüllung empörte mich, denn schließlich war ich selber das kleine Nachtgespenst, das albernen Erwachsenen Bussis geben musste, aber nichts Wesentliches mitbekommen durfte.

Im Nachhinein wird diese Entrüstung allerdings noch übertroffen von der Verwunderung, dass man damals überhaupt in der noch vom Krieg verunstalteten Stadt ausgelassene Lustbarkeiten genoss. Ellis Kaut erklärte mir dies mit der kurzen Formel: »Wir hatten nichts, nicht einmal Alkohol, aber wir konnten feiern, dass wir noch lebten.« Schlechte Zeiten – schöne Feste! Ob uns bald wieder schönere Feste ins Haus stehen?

Glanzleistungen im Staatstheater

Die segensreiche Wirkung des Starkbieranstichs zeigt sich schon daran, dass er Münchens Zeitungsredaktionen ermöglicht, jede Nachrichtendürre des ersten Kalenderhalbjahrs locker zu überstehen. Spätestens ab der Neujahrsausgabe stellt sich mehrspaltig die Frage, wer denn diesmal den Bruder Barnabas geben und eine Bußpredigt halten werde. Etwa derselbe wie letztes Jahr, obwohl so viele beleidigt waren? Oder ein anderer, zwengs der Abwechslung? Aber wer um Himmels willen? Bloß kein türkischstämmiger Niederbayer mehr, sagen alle, die sich mit der Brauerei gut stellen wollen. Aber Django Asyl war doch toll, werfen andere ein. Ja schon, aber der Bruno Jonas auch. Stimmt. Der Lerchenberg soll auch nicht mehr dürfen, weil der Westerwelle so beleidigt ist, dass er nicht mehr kommt, genauso wie letztes Jahr, als er auch nicht kam, obwohl er nicht beleidigt wurde. Wäre es nicht einmal an der Zeit für eine Schwester Barnabas? Ganz freiwillig, bevor der Landtag das mit einer Quotenregelung vorschreibt? Und wer spielt wen im Singspiel? Wird es überhaupt ein Singspiel geben? Wenn ja – warum? Wenn nein: was dann? Irgendetwas, darüber besteht zumindest Einigkeit, muss doch geboten werden.

So schreiben sie, die Zeitungen, Jahr für Jahr. Der Nockherberg gibt halt was her. Und wenn er stattgefunden hat, geht's noch ein paar Monate weiter: Da war eine Ministerin beleidigt, aber erst hinterher, weil ihr jemand die Pointe erklärt hat, über die sie sich vor laufender Kamera noch köstlich amüsieren konnte. Ein anderes Kabinettsmitglied war beleidigt, weil es wieder nicht vorkam, ein drittes, weil ein Kabarettist behauptet hat, es sei beleidigt gewesen, obwohl es sich im Wahrheit köstlich amüsiert habe. Dann werden in lockerer Folge die 500 Ehrengäste interviewt, wie es ihnen diesmal gefallen hat. Wer es versäumt, dem Bußprediger ein noch nie dagewesenes Pointenfeuerwerk zugunsten aller Armen und Entrechteten zu bescheinigen, bekommt in dessen Halbjahresbilanz der diesjährigen Nockherberg-Nachlese-Sendungen dann nochmals eine übergebraten. So viel Respekt vor dem Derblecken muss schon sein.

Bei alledem möchte man schon glauben, dass zumindest den ortsansässigen Medien die alles überragende, ja staatspolitisch schicksalhafte und säkulare Bedeutung jedes Starkbieranstichs klar ist. Aber weit gefehlt! *Die Abendzeitung* brandmarkte sogar auf der Titelseite die Pflichtvergessenheit des bayerischen Kabinetts, das die Teilnahme auf dem Nockherberg der Präsenz bei einer Landtagssitzung vorzog. Die moralisch vernichtende Schlagzeile über die Staatsregierung lautete: »Lieber feiern als arbeiten!« Im Innern des Blattes kam es noch dicker: »Starkbier: Opposition schäumt.« Als Sprachrohr der parlamentarischen Entrüstung wurde die Landtagsabgeordnete Johanna Werner-Muggendorfer zitiert: »Man muss verlangen, dass Minister auch an einer Plenarsitzung teilnehmen. Wir diskutieren schließlich nicht gerne nur mit Abgeordneten aus der zweiten Garde.«

Also wirklich, verehrte Journalisten-Kollegen und hochgeschätzte Erstgardistin: Da ist jetzt schon eine kleine Unterrichtseinheit in Landeskunde angebracht. Der Nockherberg ist kein beliebiges Promi-Meeting und kein gewöhnliches Freibiersaufen und auch weit mehr als eine Gratis-Verköstigung von Bayerns alleroberste Fünfhundert, wo man nur zur eigenen Belustigung teilnimmt: Er ist ein Staatsakt, ja der bedeutendste Staatsakt schlechthin, mit unerbittlicher Präsenzpflicht, wie schon die Anwesenheit ganzer Reporter-Rudel beweist, die den Landtag noch nie von innen gesehen haben. Ein bayerischer Selbstfindungsprozess, der immer wieder zum überraschenden Urteil führt, dass in unserem alpenländischen Gemeinwesen trotz aller feudalen Züge auch ein Oppositionsgeist weht! Das muss doch ermutigend sein für den Bayerischen Landtag, Genossin Werner-Muggendorfer!

Ich gebe ja zu: Ich habe es auch erst lernen müssen. Bei meinem ersten Nockherberg-Besuch als ganz kleiner Großkopferter, nämlich als frischgebackener 2. Bürgermeister, habe ich noch geglaubt, ich könnte nach dem Anstich unbekümmert eine Dienstbesprechung um 14 Uhr über die

Schulsprengeleinteilung in der Landeshauptstadt abhalten. Leider hat der gehässige Protokollant in seiner Niederschrift unter Tagesordnungspunkt 7 festgehalten: »Die Sitzung wurde vorzeitig beendet, weil der Bürgermeister eingeschlafen ist.« Seither weiß ich: Die Politik hat sich ganztägig nach dem Starkbier zu richten!

Dafür dürfen wir Politiker dort dann mit schauspielerischen Spitzenleistungen brillieren. Jawohl! Wir – und nicht die allseits überschätzten Parodisten auf der Bühne. Was beim Singspiel geboten wird, ist doch nur ein Abklatsch der Wirklichkeit. Die Akteure äffen uns so präzise nach, dass wir schon glauben, selber auf der Bühne zu stehen. Als mein Double Uli Bauer zum ersten Mal anhob, ein Lied zu singen, durchzuckte mich der Schreck:

Mit Double Uli Bauer

Um Gottes willen! Ich kann doch gar nicht singen! Aber ist es wirklich Kunst, genauso auszuschauen, zu reden, zu gehen und zu gestikulieren wie die Merkel, die Claudia Roth, der Söder und der Ude? Wohl kaum. Das können ja sogar die Merkel, die Claudia Roth, der Söder und der Ude.

Nein, die wahren Schauspiel-Künstler im bayerischen Staatstheater sind doch wir, drunten im Saal. Wir spielen Politiker, wie sie sein sollten – menschlich, unglaublich menschlich sogar, voller Gelassenheit, fähig zu Selbstkritik und Ironie, von heiterem Gemüt, gesegnet mit einem Übermaß an Humor, das uns herzhaft lachen lässt, wenn wir durch den Kakao gezogen werden.

Was habe ich mich wieder königlich amüsiert, als ich auf den Arm genommen wurde! Und Stoiber hat sogar landesväterlich geschmunzelt, als sich sein Doppelgänger in aktuellen Phrasen verhaspelte, in der abendländischen Werte-Kultur christlicher Prägung, in der Verankerung ins humane Werte-Fundament, im christlichen Wurzelgeflecht, im Kulturgeflecht abendländischer Wurzel-Werte …

PS: Der Uli Bauer kann sich auf was gefasst machen, wenn er mir im wirklichen Leben über den Weg läuft. Hat der Kerl doch glatt behauptet, ich hätte den rechtzeitigen Absprung verpennt! Als ob ich schon ein alter Dackel wäre, der längst … So eine Gemeinheit, so eine niederträchtige! Das vergesse ich dem nie!

Die Kirche im Paragraphenwald

Wenn ich mir heute betrachte, wie unschuldige junge Menschen in lächerlichen acht Jahren durchs Gymnasium gepaukt werden, um anschließend in unmenschlichem Tempo ein Studium zu absolvieren, denke ich schwärmerisch an meine Studienjahre zurück. Sie waren ja nicht nur schön, sondern auch unendlich lang. Da war schon ein Dutzend Semester im Studienbuch eingetragen, ehe ich mich auf Studentenfesten erkundigte, wie man sich denn aufs Examen vorbereiten könne. Leibhaftige Rechtsreferendare, die tatsächlich irgendwann bereits die Hürde des 1. Staatsexamens genommen hatten und jetzt für ihr Nichtstun ein stattliches Salär bezogen, haben mir mitgeteilt, dass es vor allem auf den »Mut zur Lücke« ankomme, dann sei der Stoff durchaus überschaubar. Als Erstes habe ich mir daraufhin gedacht, dass man sich in unserem alpenländischen Freistaat nicht groß für die Zwangsvollstreckung in Schiffshypotheken interessieren dürfte – und beschloss, dieses unerquickliche Thema des Sachenrechts einfach auszulassen. Danach beschloss ich trotz namhafter klerikaler Einflüsse auf das bayerische Justizwesen, das gesamte Kirchenrecht auszusparen, weil das staatliche Prüfungsamt es sicher nicht wagen würde, etwaige konfessionslose Kandidaten mit Konkordatsregeln zu quälen. Beide Annahmen sollten sich als richtig erweisen.

Trotzdem habe ich für die gestraffte Examensvorbereitung noch einige Semester benötigt, was ich aber später nicht als Makel, sondern als Trumpf empfunden habe. Einmal, in einer ansonsten sehr verfahrenen Situation vor dem Strafgericht, konnte ich meine stolze Semesterzahl sogar wie einen Joker ausspielen. Der Fall, den ich als Pflichtverteidiger eines jugendlichen Delinquenten retten sollte, war vollkommen aussichtslos, weil der Täter schon bei der Polizei alles gestanden und dabei auch noch seine niedrigen Beweggründe zu Protokoll gegeben hatte. Da blieb mir nichts mehr anderes übrig, als wortreich herumzuplaudern, wie schwer und entbehrungsreich die Kindheit des Delinquenten gewesen sei und wie gnadenlos hart das Schicksal ihm mitgespielt habe. Nach diesen lyrischen Ergüssen erdreistete sich der Vorsitzende, dem ich heute übrigens immer noch gelegentlich begegne, weil er es zum Amtsgerichtspräsidenten gebracht hat, doch tatsächlich zu der Frage: »Aber, Herr Verteidiger, Sie haben schon auch Jura studiert?« Die Unverfrorenheit, meine rechtswissenschaftliche Ausbildung in Zweifel zu ziehen, veranlasste mich, ihm mit gehobener Lautstärke ins Gesicht zu schmettern: »Wahrscheinlich sogar länger als Sie!«

Da ich es ohne Besuch einer einzigen kirchenrechtlichen Vorlesung zum Rechtsanwalt gebracht hatte, erschrak ich eines späten Nachmittags sehr, als im Wartezimmer ein Mann saß, der dem allseits bekannten Pfarrer Betzwieser zum Verwechseln ähnlich sah. Um es kurz zu machen: Es war Pfarrer Betzwieser. Der legendäre Pfarrer Betzwieser. Den musste man sogar als glaubensschwacher Protestant kennen, denn er war nicht nur ein katholischer Kirchenmann, sondern eine überkonfessionelle, ja sogar religionsübergreifende Münchner Instanz – allerdings weniger in religiösen Fragen als in tierschützerischen Belangen. Der Hamburger *Spiegel* hat voller Respekt damals vermeldet, dass Monsignore ein ebenso geachteter Angehöriger der Münchner Schickeria sei wie der Milliardär und Gesellschaftslöwe Friedrich Karl Flick. Seine »Herz Jesu«-Kirche in Neuhausen, die damals noch aus einer alten Holzbaracke bestand, die vorher auf dem Obersalzberg Hitler und seinen Wachleuten als Kino gedient hatte, verzeichnete nach den Recherchen des Hamburger Magazins die höchsten Besucherzahlen, weil der Geistliche Rat in der Sauna des »Bayerischen Hofs« zahlreiche VIPs kennenlernen und in seine Messen locken konnte, die es auf diese Weise zu einem respektablen Promi-Treffpunkt brachten, was wiederum noch mehr Leute zum »Promigucken« verführte.

Zur Ikone Münchner Lebensart, Frömmigkeit und Tierliebe wurde Betzwieser aber durch seine Predigten, die von der Gewissheit kündigten, dass Viecherl auch ins Paradies kämen. Das war für Münchens damals noch zahlreiche Dackelhalter genauso trostreich wie für alle Katzenliebhaber. Im Ordinariat kam diese theologische Einsicht aber nicht so gut an, obwohl Monsignore nicht müde wurde, sich auf Franz von Assisi zu berufen. Zum Glück sind seine Thesen noch heute wenigstens im Internet nachzulesen, in dem wir erfahren, dass die Katze des Geistlichen Rates schnurrt, wenn sie sich wohlfühlt, außerdem dieselbe Luft atmet und auch schläft wie er – braucht es da noch weitere Argumente, dass Minka eine Seele hat und in den Himmel kommen kann, wohingegen Descartes einem schrecklichen Irrtum verfallen war, als er »das unselige Wort geprägt hat, das Tier sei ein Automat«. Auch wenn dies vermutlich niemand interessiert, möchte ich hier doch vermerken, dass mir in dieser Frage Pfarrer Betzwieser immer schon näherstand als der gefühlskalte französische Denker.

Aber was konnte er von mir wollen? Da ich auf Mietrecht spezialisiert war, mutmaßte ich sofort, irgendein Köter eines Gemeindemitglieds habe eine Kündigung herbeigebellt. Aber nein, Betzwieser sagte: »Weißt du« – er muss damals jeden geduzt haben, denn wir sind uns zum ersten Mal begegnet –, »ich habe da einen kirchenrechtlichen Fall.« Ein kirchenrechtlicher Fall! Das war ja genauso ausweglos, als wenn er die Zwangsvollstreckung in eine Schiffshypothek hätte betreiben wollen. Warum denn ausgerechnet ein kirchenrechtlicher Fall? Ich schenkte ihm – noch stehend im Wartezimmer – reinen Wein ein und sagte, dass ich von Kirchenrecht nicht einmal einen leisen Schimmer hätte, da ich kein einziges Mal in eine solche Vorlesung gegangen sei, dass ich ihm also nicht die geringste Hilfe bieten könne. Aber er war unbelehrbar, ließ mich die Unbeirrbarkeit seines Glaubens spüren. »Du bist schon der Richtige!«

Wir nahmen Platz, und ich fragte ihn, wie er auf diese abwegige Idee käme. Die Begründung klang zunächst nicht schmeichelhaft, dann aber irgendwie doch plausibel: »Du bist als roter Lump bekannt. Jedenfalls bei uns Schwarzen. Deshalb musst du den hohen Herrn im Ordinariat schreiben, dass du mein Anwalt bist. Da trifft die der Schlag. Und dann wollen sie nichts dringlicher, als um jeden Preis zu vermeiden, dass so ein roter Lump Einblick in ihre Interna bekommt. Deswegen schreibst du denen jetzt, dass du mein Anwalt bist und Akteneinsicht willst.« Und lachend fügte er noch hinzu: »Das gibt was!« Eigentlich hätte ich noch gerne wissen wollen, worum es in diesem Verfahren – wie nennt man das eigentlich? Disziplinarverfahren? Oder schon Inquisition? – eigentlich gehe, aber er meinte, dass er ebenso wie die Herren im Ordinariat der Meinung sei, dass dies einen roten Lumpen nichts angehe. Mehr als den Antrag auf Akteneinsicht erwarte er ja gar nicht von mir.

Unter Vollmachtsvorlage zeigte ich an, dass ich die Ehre habe, den Geistlichen Rat Fritz Betzwieser anwaltlich zu vertreten und dass ich in dem gegen ihn eingeleiteten Verfahren Akteneinsicht beantrage. Noch in derselben Woche erschien er triumphierend ein zweites Mal: »Siehst du! Ich hatte recht! Die haben sich ins Hemd gemacht und das Verfahren eingestellt!« Erstmals bereute ich meine voreilige Geringschätzung des Kirchenrechts. Wäre das nicht ein wunderschönes anwaltliches Betätigungsfeld gewesen? Wo kann man sonst noch aus einem Rechtsstreit siegreich hervorgehen, ohne auch nur zu ahnen, worum es eigentlich geht?

1993 starb Monsignore. Einige besonders gottesfürchtige Gläubige nahmen im restlos überfüllten Friedhof Anstoß daran, dass ich, ein vermutlich heidnischer Sozi, wahrhaft gläubigen Tierfreunden Platz wegnahm. Leider bot sich keine Gelegenheit, diesen Nörglern klarzumachen, dass sie mit dem Anwalt des Verstorbenen sprachen, bei dem Monsignore gerade bei kirchenrechtlichen Fragen in allerbesten Händen gewesen war …

Etwa ein Vierteljahrhundert nach der Bezwingung aller Juristen des Erzbischöflichen Ordinariats erschien der neue Domdekan des Münchner Erzbistums zu einem Antrittsbesuch. Als unkundiger Protestant bat ich den katholischen Würdenträger, mir erst einmal seine Funktion zu erklären, was umfassende Informationen über das Domkapitel und die Aufgabenstellung juristischer Autoritäten erforderlich machte. Stolz erzählte Dr. Lorenz Wolf, wie lange er schon in diesem Metier tätig sei. Schon lange? Dann müsste er doch tatsächlich schon Rechtsangelegenheiten im Erzbistum bearbeitet haben, als ich mit dem bloßen Wunsch nach Akteneinsicht die gesamte Zunft der katholischen Rechtsgelehrten niedergerungen hatte. Unverfänglich fing ich an: »Wenn Sie damals schon im Ordinariat gearbeitet haben, müssten Sie sich doch noch an Monsignore Betzwieser erinnern!?«

»Ja freilich, das war vielleicht ein frecher Hund.«
»Aber ich habe ihn damals durchaus erfolgreich anwaltschaftlich vertreten«, entgegnete ich, und dann erfuhr ich erstmals, worum es gegangen war. Das Ordinariat hatte den geistlichen Tierschützer schon wiederholt vorgeladen, um ihm klarzumachen, dass Dackel nicht die richtigen Gottesdienstbesucher seien und auch nicht so ohne Weiteres gesegnet werden dürften – aber Betzwieser ahnte, was ihm die noch höhere Geistlichkeit erzählen wollte und beschloss, einfach nicht hinzugehen. Vorladung nach Vorladung verfehlte ihren Zweck. Bis ein junger Mitarbeiter – Sie ahnen es: Er ist heute Domdekan – auf die Idee kam, ein kirchenrechtliches Disziplinarverfahren einzuleiten, das den unbotmäßigen Kirchenmann zwingen sollte, sich persönlich im Ordinariat zu verteidigen. Aber statt Monsignore erschien eine Vollmachtsanzeige mit Bitte um Akteneinsicht. »Da blieb uns gar nichts anderes übrig, als das Verfahren einzustellen, denn wir hatten gegen ihn gar nichts in der Hand.«

Brüh im Lichte, Volk der Hymnen!

Das war ja wirklich der Wahnsinn! Alles neu! Ein neues Stadion in neuem Licht und eine neue Sängerin mit ganz neuer Hymne! »Brüh im Lichte dieses Glückes, blühe deutsches Vaterland«! Das alte Deutschlandlied – verklungen, der Glanz des Glückes – verbrüht.

Sarah Connors Nationalhymne erschien am nächsten Tag sogar auf einer Titelseite, feierlich unterlegt mit den Farben schwarz-rot-gold. Doch was stand dort zu lesen? Die kleinlaute Entschuldigung: »Darum habe ich mich versungen.« Dann die Aufklärung: Der Popstar war halt sehr nervös, weil er noch nie vor einer so großen Masse gesungen hat. Das leuchtet ein. Im Grunde genommen lebt unser Showgeschäft doch davon, dass es sich nur in kleinem Kreis abspielt. Und dann plötzlich so viele Leute!

Trotzdem war auch Häme zu vernehmen. Das sei ja wieder einmal typisch für ein Fußball-Event. Warum machte sie es nicht wie die vorsichtigen Kicker, die nur wort- und tonlos die Lippen bewegen, wenn das Deutschlandlied ertönt?

Mit dem Hochmut sollte man es allerdings auch nicht allzu toll treiben. Sicher, wir Politiker können uns unsere Reden so gut merken, dass wir sie sogar mehrmals wortgleich aufsagen können.

Aber wie ist das mit Hymnen?

Können Sie sich noch an den Reporter erinnern, der die köstliche Idee hatte, den bayerischen Ministerpräsidenten nach dem Text des Bayernliedes zu befragen? War das ein Gestammel! Einfach unglaublich. Was haben wir gelacht!

Kurz darauf kam allerdings so ein ruchloser Rundfunkagent auf den niederträchtigen Einfall, mir hinterrücks sein Mikrofon unter die Nase zu halten mit der heimtückischen Frage, wie es denn weitergehe nach »du Land der Bayern«. Gute Frage. Wie geht's denn da weiter? War da nicht etwas mit Gauen und Fluren? Oder Schirmherr des Städtebaus? Und mit »weiß und blau«? Das reimt sich nämlich auf Städtebau.

Sind wir einfach zu doof, uns Hymnen zu merken? Zum Trost gibt es auf dem Lande, weit hinter Wolfratshausen, noch intellektuelle Ressourcen, die gleich mehrere Strophen mehrerer Lieder speichern können. Gebündelt ist diese Kompetenz bei den Landfrauen des Bayerischen Bauernverbandes, deren Landesbäuerin mir in Form einer Wette die ultimative Demütigung angetan hat. Sie sei in der Lage, mehr als 2000 Landfrauen zusammenzubringen, die mehrere Lieder mit mehreren Strophen ohne vorherige Proben auswendig gemeinsam zu Gehör bringen können …

Was soll ich Ihnen sagen: Zum Abschluss des Landwirtschaftsfestes ertönten aus Tausenden Kehlen zahlreiche Strophen heimischen Liedguts – mit klar artikuliertem Text! Mit der Wette verlor ich auch noch mein urbanes Überlegenheitsgefühl.

Anschließend nutzte ich jede Pause, mir wenigstens die erste Strophe des Bayernliedes einzuprägen. »Heimaterde, Vaterland!« heißt die zweite Zeile, dann kommen erst die Gaue, anschließend die Fluren: »Über deinen weiten Gauen / ruhe seine Segenshand! / Er behüte deine Fluren / schirme deiner Städte Bau.« Und den Schluss können wir eh schon: »und erhalte dir die Farben / deines Himmels: weiß und blau!« Genau!

Na bitte, geht doch. Aber wie Journalisten halt so sind: Nachdem ich mir die Hymne mühsam angeeignet, jede Zeile eingeschärft und erforderliche Eselsbrücken zurechtgelegt hatte, will plötzlich keiner mehr von mir wissen, wie es nach »Land der Bayern« eigentlich weitergeht ... Sarah, es lohnt sich nicht!

Morgen ist Muttertag!

Ja, ja, morgen ist es wieder so weit: das Ende der Gemütlichkeit! Den ganzen Tag lang Muttertag. Seit die Kinder aus der Wohnung sind, ruht die ganze Last der Zeremonie allein auf meinen Schultern. Also kein sonntägliches Herumwälzen im Bett, bis Kaffeeduft die Nase kitzelt! Nein! Schon zu nachtschlafender Zeit heißt es: Raus aus den Federn! Und selber Kaffee machen! Was kann schon aus einem Tag werden, der mit Kaffee-kochen beginnt? Wenn man ihn auch noch am Bett servieren muss? Möglichst neben dem herz-erwärmenden Blumenstrauß? Und dann noch diese ganzen Selbstbezichtigungsrituale: Es ist wirklich schlimm, dass ich kaum Hausarbeit mache. Es tut mir ja so leid, dass ich so selten dazu komme, den Mülleimer runterzutragen.

Wenn diese Geständnisse wenigstens honoriert würden! Aber nein, es kommt nur schnippisch zurück: »Selten? Dass ich nicht lache! NIE!« So hat sich meine Frau jedenfalls letztes Jahr beim Muttertag geäußert. Deshalb habe ich es mir in diesem Jahr aufgeschrieben: Am 17. November habe ich den Mülleimer runtergetragen! Schon gut, das ist nicht eben viel in einem ganzen Jahr, aber warum müssen Frauen immer so maßlos übertreiben? Sage niemals NIE!

Früher fand ich unsere Arbeitsteilung ziemlich genial: Ich mache am Muttertag den Kaffee und sie im übrigen Jahr den Rest. Das ist zwar nicht wirklich gerecht, hat sich aber durchaus bewährt.

Aber jetzt haben wir diesen Höllenapparat, diese Espressomaschine. Ein Ausbund der Niedertracht. Bei meiner Frau tut das Gerät, was es soll. Sie braucht nur im Vorübergehen auf den Knopf zu drücken, und schon ist der Kaffee fertig. Ich habe es oft genug bei der Zeitungslektüre vom Frühstückstisch aus verfolgt. Ich hingegen brauche mich dem Apparat nur zu nähern, da leuchtet auf dem Display schon die erste Unverschämtheit auf: »ENTKALKEN!« Einmal (natürlich am Muttertag) wollte ich schon ausrasten, bis mir zum Glück dämmerte, dass er ja sich selber meint.

Letztes Jahr wollte ich ihm anschaffen, Kaffee zu machen, aber er befahl zurück: »KAFFEE-BOHNEN NACHFÜLLEN!« Wo die Kaffeebohnennachfüllklappe ist, habe ich auf der Suche nach dem Wassertank schon einmal ganz zufällig entdeckt, wie Kolumbus Amerika. Aber wo zum Teufel sind hier die Kaffeebohnen gelagert? »Edith! Wo haben wir eigentlich die Kaffeebohnen?« Die Antwort verrät nichts über den Standort, aber einiges über ihre aktuelle Laune. Sagt sie: »Frag doch deine Suchmaschine!«, ist sie recht freundlich aufgelegt. Lautet die Antwort: »Schau doch mal in der Waschmaschine nach!«, ist ihr nach Hohn und Spott zumute. Beim letzten Mal antwortete sie seufzend: »Wo sie seit 30 Jahren sind!« Das hat mich dann doch etwas erschreckt. So lange schon wird also ein Grundnahrungsmittel vor mir versteckt!

Für morgen schwant mir Schlimmes. Wahrscheinlich sagt die renitente Maschine, wenn ich den doppelten Espresso bestelle: »AUFFANGBECKEN LEEREN!« Wo auch immer dieses Becken sein mag, ich bin hier nicht als Mechaniker angestellt. Dann gibt es halt nur Orangensaft, den finde ich nämlich mit schlafwandlerischer Sicherheit in der Kühlschranktür. Außerdem ist er vitaminreicher und viel bekömmlicher!

Genau: Morgen gibt's Saft! Das erspart mir diese ganze Beziehungskrise mit der bösartigen Höllenmaschine. Und ein Frühlingssaft neben dem Blumenstrauß macht sich doch auch ganz gut. Welchem Blumenstrauß? »Edith! Wo haben wir eigentlich die Blumen?« Ja muss man sich an diesem fürchterlichen Muttertag denn wirklich um alles selber kümmern?

Valentineske Denkmäler

Der Denkmalschutz ist empört. Der Chef des Landesamts entrüstet sich: »Geschmacklos!«, weil die »Spaßgesellschaft« am Isartor die letzten Reste von Kultur wegschwemmt ...

Doch gemach, gemach! Der mittlere Turm hieß schon zu Zeiten unserer Großeltern schlicht »Uhrenturm«, weil dort eine große Uhr mit römischen Ziffern prangte. Sie war 1888 angebracht worden und verschwand erst vor 25 Jahren bei einer recht rigiden Sanierung. In den anderen beiden Türmen residiert das Karl Valentin- und Liesl Karlstadt-Musäum, das anfangs nur dem männlichen Teil dieses kongenialen Paares gewidmet war. Karl Valentin, neben Franz Beckenbauer wohl der bekannteste Münchner auf der ganzen Welt, war ja nicht nur ein Komiker und Volkssänger, sondern auch ein Dichter voller poetischer Kraft (man denke nur an den Ententraum!), ein Drehbuchautor und Schauspieler, ein Theaterregisseur und Filmemacher, ein Ansichten-Sammler und Medienkünstler, vielleicht sogar der erste Dadaist.

Durch das Musäum ist das Isartor zum Mekka für Valentin-Freunde aus nah und fern geworden. Ganz oben im linken Turm (von der Isar aus gesehen) kocht das Münchner Unikum Petra

Perle für die Gäste des Cafés. Sie spendete sogar 10 000 Euro, um den Uhrenturm wieder mit einer Uhr auszustatten. Wie wichtig dem Karl Valentin die Turmuhren waren, ist ja durch seine Betrachtungen über den Alten Peter bekannt. Warum gibt es dort in jeder Himmelsrichtung zwei Uhren? Genau! Damit überall zwei Münchner gleichzeitig auf die Uhr schauen können …

Mittlerweile können wir auch im Tal erspähen, was die Uhr geschlagen hat. Aber Petra Perle ist vom Geist des Linksdenkers Valentin schon so erfasst, dass ihre Uhr links herum geht, getreu dem Spruch: »In Bayern gehen die Uhren anders.« Dieses Wort, das in den 70er-Jahren durch Willy Brandt berühmt geworden ist, soll eigentlich etwas abfällig zum Ausdruck bringen, dass wir Bayern ein wenig rückständig seien, aber nach der »Black is Beautiful«-Strategie wurde die vermeintliche Schmährede zum lokalpatriotischen Motto erhoben. »In Bayern gehen die Uhren anders« heißt so viel wie »Hund samma scho!«. Ist es da nicht an der Zeit, wenigstens mit einer Uhr zu belegen, dass die anspruchsvolle These tatsächlich stimmt?!

Mit Zustimmung aller Parteien habe ich deshalb die »Freveltat« am Uhrenturm abgesegnet, wobei ich eine bald zehn Jahre alte Kontroverse mit dem Denkmalschutz im Hinterkopf hatte. Es ging damals um Valentins Geburtshaus, das nach Jahren des Leerstands völlig vergammelt wäre, wenn es nicht ein Nachbar für 888 888 Mark und 88 Pfennige erworben hätte. Er wollte das Haus wieder herrichten und Wohnraum schaffen, der Denkmalschutz verlangte aber von ihm, die verfaulten Holzbalken, die unter Putz liegen und überhaupt nicht sichtbar sind, mit großem Aufwand zu erhalten. Alles andere, so wurde erst der Eigentümer und dann auch ich belehrt, wäre keine korrekte denkmalschützerische Sanierung, sondern »eine Kulissenschieberei wie im Disneyland«! Dem Bauherrn half auch nicht, dass er sich verpflichten wollte, nur Ersatz-Balken aus dem gleichen Holz und derselben Altersklasse einzubauen. »Kein Disneyland mit falschen Attrappen« sagten die Beamten.

Das war dem neuen Eigentümer dann doch zu viel und er drohte, das Vorhaben fallen zu lassen. Ich mahnte die Beamten: »Dann verfällt das ganze Haus! Bedenken Sie doch bitte bei Ihren Forderungen diese Alternative! Das Haus wird total verfallen!« Die kühle Antwort: »Da haben wir nichts dagegen.« Wie bitte? Nichts dagegen? Was soll das heißen? »Wir vom Denkmalschutz waren immer dagegen, dass dieses Haus zum Denkmal erklärt wird, bloß weil Valentin dort geboren wurde …«

Aber warum, fragte ich völlig entgeistert, dann diese »Sittenstrenge« bei den unsichtbaren Balken, wenn eigentlich das ganze Haus völlig wurscht ist?

Tja, wurde ich belehrt, eigentlich sei das Haus überhaupt kein Denkmal, aber wenn es einmal dazu erklärt worden ist, dann geht es ums Prinzip …

In einer Stadt, in der selbst Behörden so valentinesk sind, darf doch wenigstens *eine* Uhr links herum gehen! Oder?

München feiert, München zittert

Gibt es, frage ich Sie mit allem Ernst, der bei unserer Lage auch angebracht ist, überhaupt eine Gerechtigkeit? Während sie schon wieder feiern, diese Bayern, zittern und bibbern wir Sechzger, die vom Schicksal in blauer Farbe gezeichnet wurden, noch endlose Tage und Nächte um den Wiederaufstieg in die Erste Liga. Da soll man nicht neidisch werden!

Rote Meisterfeiern gehören zum Münchner Jahreskalender wie das Geldbeutelwaschen und der Starkbieranstich, die Maidult und der Christkindlmarkt. Alle Jahre wieder. Die paar Mal, als das anders war, sind schnell verdrängt. Fallen der Löschtaste des Lokalpatriotismus zum Opfer. Bremen, Dortmund? War da was? Ach was! »Forever Number One« tönt es aus 30 000 Kehlen, wenn sich der jubelnde Anhang des Rekordmeisters am Marienplatz versammelt, Vereinssongs schmettert, in Sprechchören Spieler beim Namen ruft und rote Schals in die Höhe reckt, überwältigt vom taumelnden Glücksgefühl.

Weil die Bayern ja dauernd gewinnen, habe ich bei Meisterfeiern schon Routine. Es ist für mich so ein ähnliches Gefühl wie beim Schichtl, wo ehrlicherweise schon am Eingang eine Tafel mahnt: »Heute wieder Hinrichtung!«

Also rauf aufs Schafott, was sage ich: auf den Balkon, um dem Rekordmeister untertänigst die Glückwünsche der Landeshauptstadt zu überbringen. Das Volk wird den Daumen nach unten senken, weil ich doch ein Blauer bin ... Also wieder Pfiffe und Buhrufe der roten Scharen. Allerdings stelle ich nach dem grausigen Ritual erleichtert fest, dass trotz allem der Kopf noch recht fest sitzt – wie beim Schichtl.

Wenn ich dann zuschaue, wie sie feiern, diese Bayern, denke ich voller Trotz und Nostalgie und natürlich ganz heimlich zurück an die beiden Millenniums-Derbys, weil die doch beide so einen glücklichen Ausgang fanden. Ich gebe ja zu: Der Trost muss jedes Jahr noch weiter hergeholt werden.

Aber ist das, frage ich mich dann schon, auf Dauer nicht schrecklich langweilig, mit steter Regelmäßigkeit zu gewinnen, Meistertitel wie Briefmarken zu sammeln? Immer nur hoch droben zu thronen, ohne Höhen und Tiefen zu kennen? Wir Löwenfans kennen alle Abgründe des Lebens, und zwar von unten. Mal ganz unter uns: Ist das nicht ein aufregendes Gefühl? Wie Bungee-Jumping, Drachenfliegen oder Survivaltraining im Dschungel?

Es gibt keinen freien Fall, keinen Absturz, kein karges Leben und kein Verdursten in der Wüste, das wir nicht schon in der jüngeren Vereinsgeschichte durchlitten hätten.

Als Protestant habe ich ja keine sehr präzise Vorstellung vom Fegefeuer. Nach übereinstimmenden Berichten soll es dort aber viel zu heiß sein. Unerträglich heiß sogar. Wenn es also im Jenseits so etwas wie Gerechtigkeit gibt, dann müssen den Löwenfans ihre Jahre bei Sechzig bei der Berechnung der Zeiten im Fegefeuer gutgeschrieben werden ...

PS 1:

Dank der immer wiederkehrenden Meisterfeiern des FC Bayern kann ich jetzt eine sensationelle These beweisen: Wir Politiker sind unglaublich bescheidene Leute! So war ich bis 2008 der fast schon untertänigen Meinung, bei der Meisterfeier eher ein unerbetener Gast, ja ein Fremdkörper und Störfaktor zu sein, weil die Roten auf dem Platz immer gar so laut »Pfui« und »Buh« riefen, wenn ich als Gastgeber auf dem Balkon erschien und überdies auch noch wagte, mich dem Mikrofon zu nähern. Tatsächlich bildete ich mir in jenem Jahr ein, die Fans des Rekordmeisters würden nur kommen, um ihre Spieler zu bejubeln – und keinen gesteigerten Wert auf den OB von den Blauen legen. Weit gefehlt! Als ich trotz Meisterfeier auf Mykonos blieb und meinen Pfingsturlaub nicht für drei Tage unterbrach, nur um mich zehn Minuten lang auspfeifen zu lassen, wurde die Führungsriege des FC Bayern von der Wucht der Entbehrung überwältigt, und der Vorstandsvorsitzende Karl-Heinz Rummenigge klagte bitterlich vor der internationalen Sportpresse, wie schmerzhaft man von der Abwesenheit des Gastgebers getroffen werde, der sich nur von einem normalen Bürgermeister vertreten ließ ... Ganz ehrlich: Für so wichtig hatte ich mich gar nicht gehalten.

PS 2:

2010 konnten die Bayern schon wieder einen Meister-titel feiern. Hört das denn nie auf, fragte ich mich (ganz heimlich natürlich). Aber dann hat mich das »Feier-biest« Louis van Gaal oben auf dem Balkon einfach gepackt und ein Tänzchen gewagt. Die Fans drunten waren eine Schrecksekunde lang genauso geschockt wie ich, dann haben sie genauso lachen müssen wie ich. Wird das der Beginn einer wunderschönen Freund-schaft? Unglaublich schönen Fußball gespielt haben sie ja in dieser Saison, die Roten. Wir Blauen schmoren derweil noch im Fegefeuer – aber danach, so wissen es die Theologen, kommt der Himmel, und der ist blau!

Passt München eigentlich hierher?

Im tiefen Sommerloch ist es höchste Zeit, einmal wirklich grundlegende Fragen aufzuwerfen wie jene, was überhaupt zu uns passt. Eine sehr überschaubare Zahl sehr fruchtbarer Leserbriefautoren schreibt derzeit nämlich sehr gerne, man solle in München nur Gebäude errichten, »die auch hierher passen«. Also Bauwerke im heimischen Stil, »typisch münchnerisch«, gemütlich eben, in behaglichen Dimensionen und aus gewohntem Material, keinesfalls aus »seelenlosem Glas und Stahl«. Auf gar keinen Fall dürfen sie »ausländisch« ausschauen, weil das überhaupt das Schlimmste wäre.

Also: Welche Baukunst »passt zu uns«? Die Residenz ist vielleicht ein schlechtes Beispiel, weil deren Königsbau am Max-Joseph-Platz dem Palazzo Pitti in Florenz nachempfunden ist. Die Schlösser in Schleißheim und Nymphenburg kann man jetzt auch nicht direkt nennen, weil die sichtlich Prachtbauten in Frankreich imitieren. Soweit die Parkanlagen nicht französisch ausschauen, hat Meister Sckell sie im englischen Stil gestaltet. Ziemlich ausländisch, diese Sehenswürdigkeiten!

Aber das Herz der Stadt! Die Theatinerkirche! Na ja, richtige Urbayern waren Agostino Barelli, Enrico Zuccali und Fancois Cuvilliés mit ihrem internationalen Baustil auch nicht. Und die Ludwigstraße? Die Feldherrnhalle ist der Loggia die Lanzi in Florenz nachgebildet, das Siegestor dem Konstantinsbogen in Rom. Und überhaupt sind die Münchner Zeitgenossen gegen das gesamte Projekt Ludwigstraße zu Felde gezogen, weil es »größenwahnsinnig überdimensioniert« sei und aus lauter Spekulationsbauten bestehe, die kein Mensch brauche.

Aber ansonsten ist München doch urmünchnerisch geraten. Zum Beispiel am Königsplatz, wo man heute noch den König als Bauherrn hochleben lassen möchte. Richtig einheimisch mutet der Platz einen allerdings auch nicht an mit seiner Glyptothek und seinen Propyläen, die griechischer aussehen als irgendein Platz in Athen.

Seit geraumer Zeit ragt der Turm eines riesigen Verwaltungsgebäudes des 20. Jahrhunderts aus dem Ensemble der einst so angefeindeten Ludwigstraße hervor – aber inzwischen haben sich die Münchner an den 1914 fertiggestellten Rathausturm gewöhnt und die Proteste sind verstummt, obwohl das Gebäude viele Bürgerhäuser verdrängt hat und das Rathaus von Brüssel (ausgerechnet Brüssel! eine erste EU-Norm!) nachbildet. Mittlerweile gilt der Bau mit seinem Glockenspiel als die »münchnerischste« Sehenswürdigkeit schlechthin.

Und am unverwechselbarsten ist der Münchner Stil, wenn wir bei einer Maß beisammensitzen – im Englischen Garten, unter dem chinesischen Turm, den Sckell übrigens als fremdartiges Monstrum abreißen lassen wollte – Pagodendächer waren auf der oberbayerischen Schotterebene halt reichlich ungewohnt.

Und wie steht es mit den modernen Wahrzeichen Münchens? Als das Preisgericht erstmals den Entwurf von Günther Behnisch fürs Olympiadach zu sehen bekam, rief der bedeutendste Politiker im Gremium aus: »Wir sind doch keine Beduinen!« Und beim Hypo-Hochhaus von Bea und Walter Betz wollte der Protest gegen »unmünchnerische Umtriebe« jahrelang nicht abebben, weil die futuristische Architektur nicht zu Münchens Charakter passe und die Überschreitung der 100-Meter-Grenze – ausgerechnet hoch oben auf der Isarhangkante – ein unverzeihlicher Sündenfall sei …

Das alles wirft denn doch die Frage auf: Passt München eigentlich hierher? Zu uns nach Oberbayern? Eine Stadt mit französischen Schlössern, italienischen Prachtbauten, griechischen Plätzen, englischen Parkanlagen, mit Bauwerken im internationalen Stil von Gotik und Barock bis zur Moderne, mit futuristischen Wahrzeichen aus Glas und Stahl?

Oder ist es am Ende umgekehrt so, dass eine heimattümelnde Abwehrhaltung gegen alles Ungewohnte gar nicht zu München passt? Weil diese Stadt seit Jahrhunderten dem Neuen, dem Fremden und der Weiterentwicklung gegenüber viel aufgeschlossener ist, als seit jeher die nostalgischen Verehrer einer »guten alten Zeit« wahrhaben wollen?

Meine ganz persönliche Urschrei-Therapie

Heute sind ja smarte Unternehmensberater dafür zuständig, uns mit ewigen PowerPoint-Präsentationen zu erklären, was die Welt im Innersten zusammenhält. Vor ein paar Jahren war das noch ganz anders, da sind die letzten Rätsel der Menschheit noch von sanften Psychologen mit säuselndem Verständnis für alles und jedes gelöst worden. Von so einem Seelenklempner habe ich mir seinerzeit den letzten Schrei der boomenden Psychobranche erläutern lassen: die Urschrei-Therapie.

Im Gegensatz zu einer Psychoanalyse, die endlose Jahre verschlingt, ehe man sich über die eigene Minderwertigkeit hinwegsetzen kann, handelt es sich bei der Urschrei-Therapie um ein ebenso kurzfristiges wie einfaches Heilverfahren: Man stößt plötzlich mit aller Stimmgewalt einen archaischen Urschrei aus – und schon fühlt man sich wie neugeboren …

Heute um 12.00 Uhr ist es wieder so weit. Ich werde den bajuwarischen Urschrei »O'zapft is!« ausstoßen – und schon fällt jede Anspannung und Nervosität von mir ab und ich kann eintauchen in kindliches Wohlgefühl, ein Vollbad nehmen in den Urgewalten überschäumender Lebensfreude. Buchstäblich mit einem Schrei werden Körper, Geist und Seele zu einer harmonischen Einheit zusammenschmelzen, wenn auch auf niedrigerem Niveau als sonst.

Ein Schrei, und wir alle – ansonsten zuverlässige Nörgler und Zweifler im Jammertal Deutschland – verwandeln uns in rustikale Frohnaturen, denen wir in anderen Jahreszeiten nicht einmal auf der Straße begegnen möchten. Ist das nicht herrlich? Oder besser gefragt: Ist das nicht schrecklich?

Mein Urteil hierüber schwankt. Als Kind habe ich die Wiesn geliebt, weil dort der Großvater für gebrannte Mandeln, Zuckerwatte und Fischsemmeln sowie Wilde Maus und Teufelsrad Münzen springen ließ, die von den sparsamen Eltern nie bewilligt worden wären. Große Freiheit Oktoberfest! Und außerdem war die Wiesn ein Tor zu schaurig gruseligen oder exotischen Welten, wie der Hinrichtung beim Schichtl oder der Dame ohne Unterleib.

Mit der Verklärung des Volksfestes war aber schlagartig Schluss, als ich für die Schülerzeitung nachts im Behördenhof recherchierte und Bierleichen stöhnen hörte, schlimmer noch: Als ich sah, wie sie sich übergaben und am Hang zu Füßen der Bavaria im eigenen Erbrochenen hinunterrutschten…

Und jetzt? Muss ich nur von Amts wegen gute Miene zum bösen Spiel machen? Nein, ich liebe sie wirklich, die Wiesn, und schäme mich nicht einmal dafür, obwohl es des echten Münchners erste Pflicht ist, das ganze Jahr über ständig zu beteuern, dass man nicht mehr hingehen werde. Aber dann, nach dem Urschrei, kommen sie natürlich doch, weil's gar so schön ist, vor dem Toboggan oder der Krinoline Kindheitserinnerungen aufzufrischen, anschließend in ein Bierzelt einzutauchen und die kulturpessimistischen Anmerkungen der letzten 50 Wochen einfach hinunterzuschwappen. Prost!

Entspannung und Erlösung nach dem Urschrei

Das Hinterteil des Zebras

Den späten Helmut Fischer, den Publikumsliebling Monaco Franze, kannte natürlich jeder. Aber wer weiß schon, wann er dem frühen Helmut Fischer zum ersten Mal begegnet ist? Das weiß fast keiner – und auch mir war es jahrelang nicht bewusst. Dabei hat diese Begegnung mich sogar schwer beeindruckt, so stark, dass ich sie immer noch vor Augen habe.

Ich war als Schüler auf der Wiesn unterwegs und stets darauf bedacht, möglichst viel mitzubekommen, ohne dafür etwas berappen zu müssen. Da bot sich das Teufelsrad an, wo man stundenlang zuschauen konnte, wie wagemutige Burschen von der Drehscheibe herunterpurzelten oder schließlich von einem Ledersack weggefegt wurden. Noch billiger, nämlich vollkommen kostenlos, war es, einfach zuzuhören, wie vor den Schaubuden und Varieté-Zelten »rekommandiert« wurde: Marktschreierische Anpreisungen von Damen ohne Kopf, ohne Unterleib oder mit Fischkörper unter dem Bauchnabel.

Für so sparsame Voyeure wie mich und meine Spezln gab es sogar eine Attraktion, die ausschließlich ohne Eintritt Unterhaltung bot: Die Zuban-Schau. Ein Indianerhäuptling mit prächtigem Federschmuck ist mir noch in Erinnerung, ferner ein Cowboy mit unfassbaren Lasso-Kunststücken und nicht zuletzt ein Zebra, dargestellt von zwei jungen Männern, die in ein gemeinsames Kostüm eingepackt waren. Der Vordere durfte stehen, musste aber gelegentlich reichlich unmotiviert wiehern, der Hintere hatte, wie man in Schülerkreisen so derb formuliert, die Arschkarte gezogen: Er musste sich gekrümmt am Gürtel des Vordermanns einhängen und durfte gelegentlich mit seinen »Hinterläufen« ausschlagen, wenn möglich sogar mit beiden gleichzeitig.

Da wurde mir zum ersten Mal bewusst, dass die Wiesn nicht für alle ein reines Vergnügen ist, sondern für manche schon ein recht harter und undankbarer Job. Bei den Schaustellergehilfen, die ganztags Autoscooter fahren durften, konnte man sich ja noch Illusionen hingeben – aber den Hintern eines Zebras mimen!?

Was das alles mit Helmut Fischer zu tun hat? Nun, er erzählte mir Jahrzehnte später, dass er das Hinterteil des Zebras war. Eine grauenvolle Tätigkeit, weil man vom Augenblick der Kostümierung an in gebückter Haltung verharren muss, außer dem Hintern des Vormanns nichts sieht von der Welt, hinter ihm herzutraben hat, wohin er auch geht, und beim Ausschlagen beider Beine artistische Meisterleistungen vollbringen muss, für die es dann aber keinen Applaus gibt, sondern nur mildes Grinsen.

Ja wirklich: Es gibt auf der Wiesn nicht nur geldzählende Bierbarone, sondern auch arme Schlucker, in deren Haut wir nicht stecken wollten. Hilfskräfte, die zum Beispiel tagelang nackerte Hendl aufspießen, Brezn-Verkäuferinnen, die 16 Tage lang höllischem Lärm und Gedränge ausgesetzt sind, ohne namhaften Umsatz zu machen, Ordnungsleute, die sich von Suffköpfen anpöbeln lassen müssen, Klofrauen, die einem Geruchsinferno ausgeliefert sind wie in Patrick Süskinds »Das Parfum« der Junge Jean-Baptiste Grenouille nach seiner Geburt auf dem Pariser Fischmarkt, ganz zu schweigen von den Krankenschwestern und Sanitätern, die Jahr für Jahr hier ehrenamtlich arbeiten, um Bierleichen diskret zur Ausnüchterungsstation zu befördern. Man sollte sie hochleben lassen – nicht nur, weil da wieder ein künftiger Publikumsliebling im Verborgenen wirken könnte.

»Geile Zeiten«: Danke, Heidi Klum

Wir sind Deutschland, wir sind bekanntlich auch Papst, das ist gewiss. Aber in dieser Woche wurde auch eine schreckliche Ungewissheit laut: »Sind WIR zu dünn?«

Das ist eine verblüffende Frage in der Nation der Übergewichtigen, speziell im Freistaat der Bierbäuche. Aber sie stellt sich, diese Frage, unerbittlich sogar, seit in Heidi Klums Talentschuppen für Germanys next Topmodel eine wohlgeformte Nachwuchs-Beauty manchen Juroren zu pummelig war und nur gertenschlanke Kalorienverächterinnen im Rennen bleiben durften. Das rief Mütter auf den Plan, deren Töchter sich im Schönheitswahn krank hungern – und Politiker, für die in der Hungerdebatte ein paar fette Schlagzeilen abfielen. Harald Schmidt witzelte über die »Bulimie-Parade«, und nur ein Lump mag denken, dass die Proteste, die so viele Schlagzeilen machten, dem veranstaltenden Privatsender wie gerufen kamen. Schließlich wissen wir noch, wie selbst der dümmlichste Softporno dank einiger Protestplakate der Aktion Saubere Leinwand zum Kassenschlager avancieren durfte.

Unsere Schönheitsideale der Zukunft, die bald über die Laufstege dieser Welt trippeln werden, sind aber mit Aufmerksamkeit und Quote nicht zufrieden, sie wollen mehr: Respekt! Deshalb die ganzseitige Anzeige in Deutschlands Presseorganen: »Sind WIR zu dünn?«

Das Inserat markiert eine Zeitenwende, die man gar nicht hoch genug schätzen kann: Nicht unser »mittlerer Ring« muss mühsam öffentlich verteidigt werden, sondern der fehlende Bauchansatz! Unter Rechtfertigungsdruck steht nicht mehr wie bisher, wer zu viel auf die Waage bringt, sondern ganz im Gegenteil, wer zu wenig Pfunde vorweisen kann! Wenn das so weitergeht, werden Sekretärinnen bald in den Kantinen prahlen, wie viele Kalorien sie heute schon geschafft haben ... Danke, Heidi Klum!

Leider haben die Schönheitsidole der kommenden Jahre aber nicht nur beteuert, täglich für ihre Ernährung zu sorgen und beim Privatsender »Superlecker Buffets« zu bekommen, sondern auch noch den Bildbeweis angetreten, dass sie nicht verhungert, sondern superlecker ausschauen. Das tun sie wirklich. Alle. Und zwar alle auf die gleiche Weise. Weil sie alle gleich ausschauen. Zwölfmal dieselben Augen, Nasen und Lippen, zwölfmal derselbe Blick unter identisch gestylten Augenbrauen, präzise dieselben Posen und Frisuren sowieso dieselben Körpermaße. Der blonde Farbton des Haares ist zumindest in den meisten Fällen auch noch identisch.

Und das ist schon verblüffend: Ausgerechnet die ehrgeizigsten und erfolgreichsten Kandidatinnen, die etwas ganz Besonderes sein wollen und etwas Einmaliges werden möchten, unterwerfen sich einer allumfassenden Gleichmacherei, der mittlerweile selbst Uniformträger bei Bundeswehr, Polizei und Feuerwehr durch unverwechselbare Gesichtszüge und originelle Haarpracht entkommen können.

Der ultimative Verzicht auf die letzten Reste von Individualität scheint sehr erregend zu sein, denn der Text zum Bild verrät uns: »Wir haben eine geile Zeit. Das soll jeder wissen. Und bitte auch respektieren.«

Ein Gespenst geht um in Europa. Es hat sich der Gleichmacherei verschrieben, hat aber nichts mit dem Kommunismus zu tun. Es ist spindeldürr, huscht durch Modeschauen und Fernsehstudios und macht zumindest alle ehrgeizigen Mädchen gleich!

Prosecco aus Dosen

Man muss es selbst erlebt haben, weil man es sich sonst gar nicht vorstellen kann: Wie trostlos die Versuche vieler Städte dieser Welt sind, das Münchner Oktoberfest zu kopieren.

Ausgerechnet in Washington, der Zitadelle der größten Macht der Welt, habe ich bei einem solchen Fest in den Abgrund grandioser Tristesse geblickt. Das Fest fand in der überdimensionalen neonbeleuchteten Halle eines Riesen-Hotels statt. Mit dem Eintrittsgeld hatten die Gäste das Recht erworben, so viel zu spachteln, wie sie konnten. Leider stellte sich die Schlange vor dem Buffet auf der falschen Seite an, und so kippte jeder zuerst eine Schwarzwälder Kirschtorte auf den Teller, schüttete anschließend einen Schöpflöffel Sauerkraut darüber, fügte sodann einen Leberkäs hinzu und krönte das kulinarische Bauwerk mit einer Weißwurst. Immerhin passte der süße Senf auch zur Torte, über die er sich ergoss.

Erstaunlicherweise reichte das kleine Bierfässlein für die ersten 200 Gäste, denn sie mussten sich mit einem Plastikbecher anstellen und bekamen außer Schaum nicht viel ab. Da hätte der gelegentlich nervende Verein gegen betrügerisches Einschenken mal ein dankbares Betätigungsfeld gehabt!

Die Stimmung im Saal erinnerte trotz weiß-blauer Servietten und zahlreicher Glaskannen mit weiterem Gerstensaft eher an die Geschäftsordnungsdebatten übermüdeter Delegiertenkonferenzen ...

Da hat es wirklich nichts mit lokalpatriotischem Größenwahn zu tun, wenn ich sage: Zur Wiesn kommen nur deshalb sechs Millionen Gäste, weil sie so ist, wie sie ist! Natürlich hat sich die Wiesn in den bald 200 Jahren ihres Bestehens gewandelt, manche Varietés und Schaubuden sind mangels Nachfrage verschwunden, und einen Fünfer-Looping oder einen Freefall haben wir uns in unserer Kindheit noch nicht einmal vorstellen können. Trotzdem: Der Charakter blieb zumindest weitgehend erhalten, es gibt noch die Krinoline, den Toboggan, den Flohzirkus, das Teufelsrad, den Schichtl, den Geruch von Brathendln und Steckerlfischen und gebrannten Mandeln. Und in den Bierzelten weiß man, sieht man, hört man, spürt man, dass man mitten in Bayern ist und nicht beim Ballermann am Strand oder in einer Edel-Disco in Amerika.

Die Gäste kommen, weil dies so ist und nicht etwa, um ungeduldig darauf zu warten, dass sie endlich als Statisten und Kulisse dienen dürfen für eine Modenschau, eine Auto-Präsentation oder eine Promotion-Tour.

Den Anfängen zu wehren gilt leider meistens als kleinlich, denn am Anfang sind die Verstöße ja immer noch vergleichsweise harmlos. Aber will wirklich jemand, dass die Stadt München als

Veranstalterin erlaubt, in der Wirtsbudenstraße Limousinen zu präsentieren?

Was weltweit so bekannt und beliebt ist wie die Münchner Wiesn, ruft natürlich unbegrenzte Begehrlichkeiten von Marketing-Strategen hervor. Warum zeigen die Wände der Festzelte noch Ansichten von Hofbräuhaus und Viktualienmarkt und nicht Bandenwerbung wie ein Stadion? Warum haben die Zelte noch ihre traditionellen Namen, wo doch die Rechte sicherlich sehr einträglich vermarktet werden könnten? Wiesngespräch 2015: »Das Coca-Cola-Zelt ist schon überfüllt, im Vattenfall stellt Audi das neue Sport-Coupé vor, also gemma liaba ins Toyota und machma no zwoa Dosn Prosecco auf!«

Liebe Paris Hilton! Die ganze Welt steht Ihnen offen, überall können Sie für Ihren Prosecco aus Dosen werben. Bloß auf der Wiesn brauchen wir das eher weniger. Probieren Sie es doch in Washington, das wird eine Riesen-Gaudi!

Welcome-Speech des Keynote-Speakers: Wir sind gut aufgestellt in der Pipeline

Glauben Sie ja nicht, dass Sie mit diesem Buch Papier in der Hand halten. Dies ist kein Papier, sondern ganz im Gegenteil ein Non-paper. So nennen Amtsinhaber und Würdenträger ein Papier, das noch kein Paper sein soll, weil sie Dinge hineinschreiben, die sie später vielleicht lieber nicht hineingeschrieben hätten. Und dieser Text ist vielleicht doch ein wenig rückständig. Also: Ein Non-paper über den rasanten Verlust der Fähigkeit, die eigene Sprache zu sprechen.

Keine Angst: Ich komme Ihnen nicht mit Deutschtümelei. Wir Bayern sind ja ganz im Gegenteil besonders stolz, dass wir zum Bürgersteig auch Trottoir sagen können, auch wenn sich der Parapluie nicht so recht gegen den Regenschirm behaupten konnte. Als gelehriger Computer-Nachhilfeschüler habe ich auch kapiert, dass man Software und mailen schlecht übersetzen kann und Joystick mit Luststängel fatal schlecht übersetzt wäre.

Als zeitgemäßer Aufsichtsratsvorsitzender der Münchner Messe habe ich längst gelernt, dass ich nie mehr Gäste bei einem Treffen begrüßen darf (ein provinzieller Albtraum!), sondern bei einem Get-Together aus Anlass des Ribbon-Cutting im

Rahmen der Opening-Ceremony als Keynote-Speaker im Welcome-Speech die Message rüberbringen muss, dass das hier eine irr coole location ist. Ich habe sogar verstanden, was mir ein Geschäftsführer erzählen wollte, als er sagte, sein Verlag habe das erste Halbjahr »suboptimal performed«. Ich performe, du performest, er/sie/es … Eine Sch…performance.

Dabei war die Übernahme von Anglizismen und ihre sprachliche Verwurstung am Anfang durchaus amüsant. »Move eini«, sagte in einem Sketch der Gurkenkönig von Mittenwald, und die jungen Burschen fühlten sich eingeladen, sich hineinzubewegen. Aber dann wurde es doch immer sperriger. Frage im Vorzimmer an die Kollegin: »Haben Sie die Datei schon downgeloaded?« Ich downloade, ich werde downloaden, ich werde downgeloaded haben. Oder sollten wir uns lieber commiten, auf solche Monströsitäten doch zu verzichten?

Bei den Consultants bin ich mir inzwischen ziemlich sicher, dass sie mit ihrer Flut von Anglizismen beim Kick-off-Meeting, bei der Powerpoint-Präsentation oder im Handout nur weltläufig übertünchen wollen, dass sie auch keinen Rat wissen. Weder top down noch bottom up.

Und in der Politik? Da haben wir Gott sei Dank ein neues Schwerpunktthema: Gender-Mainstreaming. Fragen Sie einmal eine Gender-Mainstreaming-Expertin, was das eigentlich ist. Ich habe es Dutzende Male getan und mich langsam ans Thema herangerobbt. Also: Was Gender-Mainstreaming ist, kann man nicht so einfach erklären, weil es um einen vollkommen neuen, natürlich ganzheitlichen Ansatz geht, die Geschlechterrolle zu reflektieren und die Auswirkungen auf die Geschlechter zu berücksichtigen. Also Frauenförderung? Um Himmels willen! Das wäre ein völlig veralteter Ansatz, bei Gender-Politik geht es um viel mehr. Irgendwie. So ungefähr halt. Auf jeden Fall ganzheitlich.

Als ich kürzlich eine Gruppe von Autorinnen dabei ertappte, dass in einem Paper zur Verkehrspolitik nur von Verkehrssündern die Rede war und die Verkehrssünderinnen glatt unterschlagen wurden, versprach die niederbayerische Gruppensprecherin: »Den Text gendern wir schon no hi!«

Dass Anglizismen die einzige Pest seien, die unsere Sprachkultur dahinrafft, ist aber leider nur eine Illusion. Auch mit deutschen oder längst »eingebürgerten« Begriffen kann man sich lustvoll albernen Modetrends hingeben.

Der kürzlich verstorbene frühere Rektor der Münchner Ludwig-Maximilians-Universität, der zum Glück den Aufstieg seiner Hochschule zu einer »Exzellenz-Universität« noch miterleben durfte, hat sich jahrelang königlich darüber amüsiert, dass die jüngere Schwester, die Technische Universität, nicht mehr damit zufrieden war, einfach nur gut zu sein – nein, sie musste mehrmals täglich vertonen, dass sie »gut aufgestellt« sei. Andreas Heldrich schmunzelte bei diesem Selbstlob der Konkurrenz, bei »gut aufgestellt« denke er eher an Zinnsoldaten und Schachfiguren als an dynamische Forscher. Trotzdem will seit geraumer Zeit jeder »gut aufgestellt« sein, jede Hochschule und jedes Unternehmen, vom Existenzgründer bis zum Großkonzern, jeder Verlag und jede Agentur.

Und was macht man nach der Aufstellung? Man ist unterwegs! Wir sind im Consulting gut unterwegs, sagt der Unternehmensberater von Welt. Die sind im Dienstleistungssektor unterwegs, heißt es über eine Firma mit unklarem Geschäftszweck. Der ist gut unterwegs, heißt es über den Freiberufler, der sich über Aufträge freuen kann. Einfach unterwegs zu sein reicht schon aus in der Mobilitätsgesellschaft, um zufriedenstellende Verhältnisse zu charakterisieren. Was dabei gemacht wird oder gar »hinten herauskommt«, erfahren wir nicht.

Und was soll künftig geschehen? Früher hatte man da irgendetwas in Vorbereitung. Vielleicht war auch schon ein Entwurf fertig, eine erste Schätzung oder Skizze. Heute muss man sagen, dass das Projekt »schon in der Pipeline« sei. Offensichtlich wird jedes Bauvorhaben, jede Geschäftsidee und jede Kostenschätzung erst einmal durch eine Ölleitung gezogen.

Aber dann? Dann fängt man keineswegs an, wie man das früher gemacht hätte. Anfangen – das hat ja überhaupt nichts Neumodisches, das passt überhaupt nicht zum Neudeutsch in Zeiten der Globalisierung. Nein, wir wechseln gedanklich ganz schnell vom Ölrohr zum Tennisplatz und machen »den ersten Aufschlag«. Das bedeutet zwar auch nichts anderes, als dass ein Anfang gemacht wird, klingt aber viel sportiver und dynamischer.

Wer sich nicht gedanklich auf dem Tennisplatz tummeln will, darf dafür Eisenbahn spielen und sein Vorhaben »auf die Schiene setzen«. Das hat in Zeiten von Bahnstreiks natürlich schon eine gesteigerte Attraktivität, trotzdem geht es schon gehörig auf die Nerven, dass jeder alles »auf die Schiene setzen« soll.

Wenn wir nach einiger Zeit mit dem Produkt fertig sind, haben wir es »gebacken gekriegt«. Zweifel an Erfolgsaussichten verkünden wir mit einem skeptischen »das kriegen Sie doch nie gebacken!«, ein optimistisches Lebensgefühl vermittelt man mit den Worten »das werden wir schon irgendwie gebacken kriegen«.

So wünsche ich Ihnen jetzt von Herzen, dass Sie fürs Wochenende gut aufgestellt sind und im Freizeitsektor unterwegs sein können, ein paar Vergnügungen bereits in der Pipeline haben und beim Hausputz den ersten Aufschlag machen und die Skier auf die Schiene setzen. Irgendwie werden Sie das schon gebacken kriegen!

Wie wär's mit einer Pommes-frites-Maschine?

Die Glühweintrinker haben es gut, genauso wie die Bratwurstliebhaber: Sie wissen, was sie wollen. Vom Fenster meines Amtszimmers aus sehe ich sie mit langen Schritten auf die Ziele ihrer Begierde zusteuern. Aber der Rest steht ein wenig ratlos herum, schlendert von Bude zu Bude und weiß nicht so recht, was jetzt zu tun sei. Einen Nussknacker kaufen, noch einen Weihnachtsschmuck, ein Strohgebinde, ein Wachsmodel oder einen Teddy, der vielleicht nie geliebt wird?

Verteufelte Ungewissheit, die sich in der Fußgängerzone und den Einkaufsstraßen fortpflanzt! Unübersehbare Menschenmassen wälzen sich durch die Altstadt, doch der Einzelhandel klagt, dass viele nur die Auslagen studieren und niemals den Geldbeutel zücken. Das können wir uns aber – konjunkturpolitisch betrachtet – auf gar keinen Fall leisten, dass wir uns zum Fest nichts leisten. Geschenke müssen her, zur Ankurbelung der Wirtschaft und zur Wahrung des häuslichen Friedens.

Wertvoll sollen sie sein, möglichst sogar wertbeständig, damit die Empfänger den edlen Spender möglichst lange in Ehren halten. Aber natürlich auch preiswert, weil wir ja wirklich nicht blöd sind. Möglichst ausgefallen, damit die Beschenkten unsere Originalität und Findigkeit bewundern, aber auch praktisch, damit die Präsente nicht gleich im Keller oder auf dem Flohmarkt landen. Tja, mit all diesen Anforderungen sind wir offenbar kräftig überfordert und schieben uns lustlos an den opulent bestückten Schaufenstern vorbei, widerstehen dem vorweihnachtlichen Konsumterror, obwohl wir dies gar nicht vorhatten, sondern zum Einkaufen ausgezogen waren.

Vielleicht kann ich weiterhelfen mit einem einprägsamen Kindheitserlebnis. Als ich anfing, mich für »schräge Musik« zu interessieren, wie das damals noch hieß, schenkte ich meiner Mutter zu Weihnachten eine Schallplatte von Chris Barber mit »Petite Fleur« und dem »Wild Cat Blues«. Meine Mutter heuchelte gerührte Dankbarkeit, konnte mit der Musik nichts anfangen und meinte, die Platte solle doch gleich im Kinderzimmer aufbewahrt werden. Was für ein gelungener Streich!

Beim nächsten Weihnachtsfest machte mir meine Mutter, die alle Variationen der französischen Küche beherrschte, dann ein ganz besonderes Geschenk von beachtlichem Format und liebevoll verpackt. Es erwies sich als Pommes-frites-Schneidemaschine, mit deren Hilfe man geschälte Kartoffeln in kleine Vierkantbolzen zerlegen konnte. Das Gerät, das ich niemals angefasst habe, wurde praktischerweise gleich im Gerätearsenal der Mutter verstaut …

Damals war ich sauer, dass Gleiches mit Gleichem vergolten wurde, heute weiß ich: Das ist

doch die Lösung! Wir schenken den Lieben da-
heim, was wir selber brauchen! So wird jedes
Geschenk wirklich gebraucht! Und der großzügi-
ge Spender ist niemals der Dumme, sondern stets
auch seinerseits reich beschenkt! Knausrige Typen
müssen hingegen mit mickrigen Gaben vorlieb
nehmen. Das Christkind ist ja so gerecht!

Also greifen Sie zu, der Einzelhandel wartet
drauf. Es kann doch nicht sein, dass Sie alle wirklich nur wegen des Glühweins und der Bratwürste
zum Marienplatz kommen!

Obama in München

Nein, er war noch nicht da. Bisher jedenfalls nicht. Noch nicht einmal auf dem Oktoberfest. Und im Gegensatz zum jungen Bill Clinton hat er nicht einmal an einem Münchner Marathon teilgenommen. Unerhörterweise hat er ohne jeden München-Bezug trotzdem die Wahl gewonnen. Aber diese Wahl, vor allem der Jubel hinterher – Dieses Charisma! Diese Freude in der ganzen Welt! Diese Begeisterung bis ins hinterste afrikanische Dorf! Diese hübsche Frau! Diese netten Kinder! – hat in München eine tiefschürfende Frage aufgeworfen: Wo bleibt eigentlich der deutsche Obama? Warum haben wir keinen, der uns genauso vom Hocker reißt wie Obama die Amerikaner? Warum kann hier keiner die Politikverdrossenheit im Handstreich wegputzen und alle mitnehmen beim Neustart in eine bessere Zukunft?

So einen – so war man sich schnell einig in Talkshows und an den Stammtischen – bräuchten wir auch. Tatsächlich? Was hätten wir denn getan, wenn er hier angetreten wäre? Zum Beispiel als Schwarzer in einem CSU-Ortsverein? Vor einigen Jahren wäre ihm da noch die Frage entgegengeschallt: »Was will denn der Bimbo hier? Macht bloß keinen Multi-Kulti-Mist!« Aber inzwischen hat man ja beschlossen, richtig großstädtisch und liberal zu werden, weil man das heutzutage so macht. Und schließlich hat man doch auch schon Roberto Blanco ins Herz geschlossen, trotz seiner Dunkelhäutigkeit: Ein bisschen Spaß muss sein! Aber dass der Mann nicht nur Barack, sondern auch noch Hussein heißt, das lässt doch wirklich eine Parallelgesellschaft befürchten. Eine schleichende Islamisierung, meint der bayerische Verfassungsschutz. Soll er doch ins Showgeschäft gehen, mit dieser wirklich hübschen Frau. Das bestreiten wir ja gar nicht, vorurteilsfrei, wie wir mittlerweile sind. Aber Politik? Nein danke.

Also zur SPD? Die könnte an einem Afroamerikaner schon Gefallen finden, sucht ihn sogar geradezu händeringend für ihren Arbeitskreis »Migration und Integration«, den der gute Mann doch wieder zu Leben erwecken könnte. Aber nein, dieser Obama ist ehrgeizig, will partout Delegierter werden. Und das geht natürlich nicht, wurde er doch in den vergangenen fünf Jahren so gut wie nie in seinem Ortsverein gesehen. Da fehlt ihm einfach der Stallgeruch. Und wenn er sich in dieser Zeit anderswo engagiert hat, für Straßenkinder, Sozialprojekte und Bürgerrechte zum Beispiel, macht das die Sache nur schlimmer: Er hätte also durchaus Zeit gehabt, wie er ja selber einräumt, bloß für seinen Ortsverein, für die Basis, die ihn jetzt wählen soll, hatte er keine Zeit. Also bitte, alles was recht ist …

Also zur FDP? Dort ist man doch aufgeschlossen für Quereinsteiger. Aber die Ansichten müssen natürlich schon vertretbar sein. Und was hat Obama in seiner Antrittsrede gesagt? »Eine Nation kann ihren Wohlstand nicht mehren, wenn sie nur die Wohlhabenden bevorzugt.« Wie bitte? Da fragt man sich in der Partei der Besserverdienenden dann schon: Ja wen denn sonst? Arme Schlucker gibt es viel zu viele, die zu bevorzugen würde uns ruinieren, aber für die Wohlhabenden soll sich ihre Leistung, wohlhabend zu sein, endlich wieder lohnen!

Zu dumm, warum sind wir nicht gleich darauf gekommen? Zu den Grünen hätte er gehen müssen, natürlich, zu den Grünen. Dass wir da nicht gleich drauf gekommen sind. Ein Anwalt aus Chicago mit afrikanischen Wurzeln – multikultureller und kosmopolitischer geht es ja gar nicht. Und dann heißt der Mann auch noch Hussein – das deckt praktisch auch noch die Türkenfrage ab. Phantastisch! Allerdings spricht sich dann in grünen Parteikreisen doch noch herum, dass der Schwarze sehr bekannt ist, sogar im Ausland, dass es Poster und Buttons von ihm gibt, fast schon ein wenig Personenkult. Da ist dann Schluss mit lustig: »Wie? Bekannt? Sogar berühmt und populär? Dann ist er ja ein Promi! Und Promis mögen wir gar nicht! Einmal Joschka und nie wieder! Unsere Repräsentanten müssen völlig unbekannt sein, sonst stellen wir sie nicht als Kandidaten auf!«

Sage niemand, uns fehle ein Barack Obama!

Dieser Text stammt aus einer längst vergangenen Zeit, Anfang 2009, als die Obama-Begeisterung in den USA alle Maßstäbe sprengte und in Deutschland selbst

Unionspolitiker, die George W. Bush stets die Stange gehalten haben und am liebsten mit in den Irak marschiert wären, den Eindruck erweckten, sie hätten im Grunde genommen mit Obama gegen eine schreckliche alte Zeit gewonnen. Inzwischen ist drüben und hüben Ernüchterung eingekehrt. Aber das soll nicht heißen, dass die Auswahlkriterien deutscher Parteien dadurch besser geworden wären!

Oh, du flöhliche Xmas-Time

Meinen ersten Kulturschock in Peking, in der Machtzentrale der Volksrepublik China, habe ich gegen Ende des letzten Jahrhunderts erlebt. Schon im Flughafen prangten überall riesengroße rote Transparente, denen ich aber weiter keine Aufmerksamkeit schenkte, weil ich mir schon denken konnte, was für Parolen dort dem Volk weiteren Ansporn bieten sollten. Auch bei der Fahrt in die Stadt: Immer wieder überdimensionale rote Spruchbänder, aufdringlich viele, obwohl die Kulturrevolution nun doch schon geraume Zeit vorbei war. Aber dann die Überraschung: Selbst die großen Hotels an der Prachtstraße waren mit den roten Banderolen behängt. Das zweite Erstaunen folgte auf dem Fuße: Da standen gar keine chinesischen Parolen in pittoresken Schriftzeichen, sondern ganz normale lateinische Buchstaben. Und dann zum Schluss unglaubliches Staunen! Stand da doch tatsächlich in weißen Riesenlettern auf rotem Grund: WILLKOMMEN MUSIKANTEN-STADL!

In den folgenden Tagen verdichtete sich der Eindruck, dass das Reich der Mitte von Freunden alpenländischer Volksmusik überschwemmt worden sei. In der Verbotenen Stadt, dem Kaiserpalast, wurde sogar eine Kulisse der Verbotenen Stadt aufgebaut, damit man Tribünen errichten, Leuchter anbringen und Kameras aufhängen konnte, ohne dem historischen Gemäuer Schaden zuzufügen. Als dann alpenländische Weisen ertönten, fragte ich mich erstmals, ob man es mit der Öffnung zum Westen nicht auch übertreiben könne.

Jetzt, viele Jahre später, ist kein Karl Moik weit und breit, dafür ist der pausbäckige Weihnachtsmann mit weißem Rauschebart und rotem Strampelanzug allgegenwärtig. In den Kaufhäusern erklingen die Jingle-Bells vom Endlosband, in den Schaufenstern funkeln die Sterne, an den Türen hängen Adventskränze, und in der Hotelbar spielt eine junge Pianistin ein ums andere Mal »Stille Nacht«. Mittendrin erhebt sich zwischen den Sitzgruppen geschäftig debattierender Kaufleute majestätisch ein Christbaum mit silbernen Kugeln, darüber stürmen sechs lebensgroße Rentiere himmelwärts, um den glitzernden Schlitten von Santa Claus rechtzeitig zu den Gabentischen der Volksrepublik zu ziehen.

Nicht das Christkind steht vor der Tür, aber immerhin der Auftritt der »Alpen Vagabunden«, die nächste Woche aufspielen werden – auch eine schöne Bescherung. Zünftige Burschen, wie das Plakat jetzt schon verrät. Sie werden die stille Andacht sicher schuhplattelnd unterstreichen. Wahrscheinlich kommt noch eine Woche später Enrico de Paruta, um Ludwig Thomas »Heilige Nacht« zu rezitieren.

Die Leute hier finden das alles vermutlich unheimlich exotisch, zumindest sehr multikulturell.

Multikulturell? Ansonsten sind wir schnell begeistert, wenn sich Kulturen aus aller Welt wechselseitig befruchten, aber findet hier wirklich Befruchtung statt? Warum nur will keine sentimentale Wiedersehensfreude in der Fremde aufkommen?

Wahrscheinlich, weil uns die fernöstliche Vorweihnacht den Spiegel vorhält: In diesem Lichterglanz gibt es überhaupt keinen Inhalt und keine Botschaft, bloß Kommerz und umsatzfördernde Kulisse. Selbst die interessiertesten jungen Leute hier, die fachkundig über die Mannschaftsaufstellung des FC Bayern diskutieren können und von Sechzig immerhin wissen, dass dort einmal Shao spielte, haben keine Ahnung, was aus dem Christkind später geworden ist.

Mag jemand die Hand dafür ins Feuer legen, dass eine Umfrage in der rappelvollen Münchner Fußgängerzone lauter richtige Antworten zutage fördern würde auf die Frage, wofür das Christkind später gut war? Können wir uns wirklich sicher sein, dass in unseren Kaufhäusern und Hotelhallen mehr gegenwärtig ist als bloß die Erkennungsmelodie einer Jahreszeit und ein Maskottchen, das einmal ein Bischof war – genauso wie in Peking?

Spaß am Spiel – von wegen!

Wer hat eigentlich den Unfug in die Welt gesetzt, dass gesellige Spiele im Familienkreis die Harmonie fördern? Ich fand jedenfalls schon als Schulbub, dass sich bei meiner Schwester charakterliche Abgründe auftaten, wenn sie sich beim Monopoly in den Besitz der Schlossallee hat bringen können. Und sie meinte umgekehrt, meine Niedertracht käme voll zum Ausbruch, wenn ich Wuchermieten in meinen Hotels in Goethe-, Schiller- und Lessingstraße verlange.

Zum Weihnachtsfest haben wir ein Familienspiel geschenkt bekommen, das nicht so brandgefährlich schien: »Wer kennt München? Das Stadt-Quiz«, präsentiert vom Hofbräu München. Eine hübsche Gelegenheit, den Enkeln einmal vorzuführen, was der Opa alles im Amt gelernt hat! Wann fand die Sendlinger Mordweihnacht statt? 1705 natürlich, schließlich haben wir 2005 das Jubiläum gefeiert. Wer begründete das bayerische Reinheitsgebot? Herzog Wilhelm der IV., das weiß ich vom Brauertag. Ein wunderbares Spiel! Und dann kommen ein paar Fragen, auf die sogar die Enkel wie aus der Pistole geschossen antworten können: Welcher Partei gehört Oberbürgermeister Ude an? Was trägt Oberbürgermeister Christian Ude? »Zahnspange und Monokel« ist genauso falsch wie »Vollbart und Kontaktlinsen« oder »Toupet und Ohrring«. Oder hätten Sie was anderes gedacht? Werden Sie jetzt bloß nicht unverschämt! Richtig ist natürlich C) »Schnauzer und Brille«. Dass der OB mit seiner Frau ein Buch über A) Katzen schrieb und nicht über B) Hunde, C) Pferde oder D) Meerschweinchen, weiß in der friedlichen Familienrunde auch jeder, schließlich schnurrt der Kater in der Ecke.

Aber dann spitzt sich die Lage zu. Wann fand das erste Oktoberfest nach dem 2. Weltkrieg statt? Das staatliche Hofbräuhaus behauptet doch tatsächlich: C) 1962! So ein Schmarrn! Ich schleppe einen Fotobeweis herbei, dass Thomas Wimmer 1950 zum ersten Mal angezapft hat, wie kann man da behaupten …

Aber die Enkel, diese uneinsichtigen Rotzlöffel, lassen Fotos nicht gelten, nur den Text der Spielkarten.

Zur Tragödie kommt es ausgerechnet bei meiner Amtszeit. Seit welchem Jahr ist Christian Ude Münchens Oberbürgermeister? A) 1998, B) 2003, C) 1985, D) 1993. »Das werde ich ja wohl wissen«, murmle ich, um dann ein lässiges »D) wie Dora« nachzuschieben. Statt gebührendem Respekt nur schadenfrohes Gekreische: »Daneben!« »Völlig falsch!« »Du weißt ja gar nichts!« Das staatliche Hofbräuhaus behauptet doch tatsächlich, ich sei C) seit 1985 im Amt.

Soll ich Beweise bringen? Diesesmal sogar Urkunden und nicht nur Fotos? »Spielverderber!«, schallt es mir entgegen. Nicht genug, dass ich

»keine Ahnung« habe – ich bin auch noch »ein schlechter Verlierer«! So was muss man sich sagen lassen! Jubilierend halten mir die Enkel die Spielkarten entgegen. Gelten jetzt die Regeln oder nicht? Oder gelten sie nur, wenn es mir passt? Das wäre ja wieder mal typisch. Was soll das heißen: Wieder mal typisch?! Ich werde doch noch wissen, seit wann ich im Amt bin, während diese Schlaumeier vom Hofbräuhaus keine Ahnung haben. Resigniert packen die Frauen der Familienrunde die Spielkarten, die Würfel und den Stadtplan wieder ein.

Dabei geht es sonst wirklich ziemlich friedlich zu. Aber irgendjemand hat behauptet, dass gesellige Spiele im Familienkreis die Harmonie noch steigern könnten …

Himmel und Hölle

Als langjähriger Bürgermeister hat man eine zwar theologisch unhaltbare, dafür aber erstaunlich präzise und vor allem empirisch belegte Vorstellung von Himmel und Hölle.

Beginnen wir, weil es dort einfach schöner ist, mit dem Himmel. Schon öfters habe ich einen Blick dort hinaufwerfen dürfen, an ganz normalen Tagen mit proppenvollem Terminkalender. Nichts Besonderes, nur lästige Leute, Bauherren und Behördenchefs. Und immer wieder neue Generalkonsuln, die unbedingt einen Antrittsbesuch machen müssen, damit sie in einigen Jahren einen Abschiedsbesuch machen können (bis dahin fallen sie zum Glück nicht zur Last). Außerdem Fußballfunktionäre, die ein weiteres neues Stadion wollen, nichts Besonderes also. Dann passiert es: Die Tür zum Vorzimmer tut sich auf, und die Regentin dieses Raumes verkündet, dass der 12-Uhr-Termin abgesagt worden sei. »Leider«, meint sie, aber das kann mein Frohlocken auch nicht mehr bändigen. Ich stürme hinaus und stelle fest, dass die Sonne scheint, ja regelrecht strahlt und die gesamte Altstadt in festliches Licht taucht. Hier draußen gibt es offenbar keine Bauherren und Behördenchefs, Fußballfunktionäre und Generalkonsuln, wenn doch, gehen sie einfach in der Menge unter, die aus

Lustwandlern und Sonnenanbetern, Kaffeetrinkern und Kuchenessern, weitgereisten Touristen und hübschen Mädchen, shoppenden Frauen und Männern zu bestehen scheint. Ich eile erst am Alten Peter, dann am Rindermarkt vorbei, wo Verkäuferinnen und Angestellte die Gunst der Mittagspause nutzen, um die Füße im kalten Wasser der Brunnenanlage zu erfrischen, und ergattere einen Platz im Biergarten des Viktualienmarktes, im Schatten der großen Kastanien. Die Tischnachbarn, einige Lehrer aus Mecklenburg-Vorpommern, stellen bei jedem Schluck fest, dass dies ein besonders paradiesisches Fleckchen sei, und nicht nur aus Lokalpatriotismus unterlasse ich jeden Widerspruch, sondern schlichtweg , weil sie recht haben. Da ertönt mein Handy: Es sei wie verhext, aber soeben sei auch der 13-Uhr-Termin abgesagt worden. Ja, wenn das so ist: Zenzi, ein Bier! Als Nächstes wird der 14-Uhr-Termin gecancelt. Eine Freiheit gebiert die nächste, ohne Termine muss die Freiheit ja grenzenlos sein …

Irgendwie ist es aber wie bei Dantes *Göttlicher Komödie*: Die Hölle ist eindrucksvoller als der langweilig schöne Himmel. Steigen wir also hinab:

Eine Dreifachturnhalle aus den 60er-Jahren, neonbeleuchtet. Einige Hundert Rentnerinnen und Rentner sind zur Bürgerversammlung erschienen, sie sehen sehr müde aus und noch missgelaunter. Die Redeliste ist lang, sehr lang sogar. Da aber seit der letzten Bürgerversammlung vor einem Jahr im Viertel nichts geschehen ist, werden Klassiker des Bürgerprotestes noch einmal vorgetragen. Warum, so fragt ein Rentner, der diese Frage nach seinem eigenen Vortrag bereits seit den 70er-Jahren des vorigen Jahrhunderts alljährlich stellt, habe man den Durchgangsverkehr immer noch nicht in die Parallelstraße umgeleitet, obwohl ihm dies endlich ungestörte Nachtruhe verschaffen könnte!? Einige im Saal schütteln den Kopf, vermutlich weil sie in der Parallelstraße wohnen, der Rest verharrt in Schweigen. Da passiert es: Drei neue Wortmeldezettel werden heraufgereicht.

Der nächste Redner spricht das bedeutendste Thema der Stadtpolitik an. Er tut dies, wie er eingangs betont, auch schon seit den 70er-Jahren des vorigen Jahrhunderts. Der Stuttgarter OB Manfred Rommel hat diesem Thema sogar ein Gedicht gewidmet, das erst hoffnungsvoll das biblische »täglich Brot« anspricht, dann aber uns Bürgermeistern mit voller Wucht die Abgründe unserer Existenz, unser Geworfensein auf all die Häuflein im Stadtgebiet vor Augen führt. Es heißt:

> »Des Bürgermeisters täglich Brot
> ist und bleibt der Hundekot!«

Während also der Redner doziert, wie der Hundekot unterbunden oder schneller entsorgt gehört, sehe ich mit nacktem Entsetzen, wie drei neue Wortmeldezettel heraufgereicht werden. Jetzt erst begreife ich: Nach jeder Rede kommen drei Wortmeldungen hinzu, und so geht es immer weiter, je mehr schon erlitten wurde, desto mehr steht noch vor der Tür. Die Redeliste reicht von Ewigkeit zu Ewigkeit und geht danach noch länger weiter.

So, genau so, ohne gehörnte Bestien, ohne Beiß-
zangen und Feuertöpfe, nur mit Neonlicht in einer
Dreifachturnhalle, stelle ich mir die ewige Ver-
dammnis vor!

Richard, Rachel und
»suspekte Einrichtungen«

Die Hohenzollernstraßler waren gefährliche Burschen, vor allem zahlenmäßig in der Übermacht.
Deshalb haben wir, die Buben aus der vergleichsweise dünn besiedelten Parallelstraße, bei Hand-
greiflichkeiten oft den Kürzeren gezogen, was uns
dazu zwang, uns in den Querstraßen um Verstär-
kung zu bemühen. So lernte ich Richard Grimm
kennen, der um die Ecke wohnte und uns oft zu
Hilfe kam, wenn es in Hinterhöfen oder auf Gara-
gendächern eng wurde.

Etliche Jahre später kamen wir beide aus völlig
unterschiedlichen Gründen mit dem Präsidenten
der Israelitischen Kultusgemeinde in Kontakt, mit
Dr. Hans Lamm, der rechtzeitig in die USA emi-
griert war und als Linksintellektueller erfrischende
Ansichten vertrat. Hauptberuflich war er Direktor
bei der Volkshochschule, ehrenamtlich Vorsit-
zender eines Vereins, der die bayerischen Schü-
lerzeitungen unterstützte. Richard wurde sein
Assistent, ich hatte als Landesvorsitzender der
Schülerpresse laufend mit ihm zu tun. Er war
unser Schutzpatron gegen die Zensur und half
uns bei Verhandlungen mit dem Kultusministe-
rium. Zu meiner Überraschung rieb er sich vergnügt die Hände, wenn uns ein Ministerialbe-

amter mit »politischer Vergangenheit« einlud: »Wunderbar! Ein alter Nazi! Der wird mir keinen Wunsch abschlagen!« So war es dann auch, wir bekamen sogar erste Zuschüsse.

Dr. Lamm erzählte den jungen Leuten, mit denen er zu tun hatte, viel vom einstigen jüdischen Leben in der Stadt, von dem in der Gegenwart fast nichts mehr zu spüren war. Irgendwann schenkte er mir sein Buch *Vergangene Tage* über Jahrhunderte jüdischen Lebens in München. Der Buchumschlag zeigte die stolze Hauptsynagoge hinter dem Künstlerhaus und vor den Türmen der Frauenkirche – ein münchnerischer Dreiklang, den die Nazis 1938 noch vor der Pogromnacht zerstörten. Seitdem rumorte in unseren Köpfen die Frage, wie dem Judentum wieder ein Platz im Herzen der Stadt verschafft werden könnte. Es blieb lange eine Frage.

Aber 1989 gründete Richard Grimm tatsächlich ein jüdisches Museum. Das war kein Prachtbau mit Foyer, Garderobe, Museumsshop und Ausstellungsräumen sowie Depot, sondern ein winziges Museum, nicht einmal 30 Quadratmeter groß, in den Räumen einer Privatgalerie in der Maximilianstraße. Es ist kaum zu glauben, aber der Geheimtipp sprach sich im In- und Ausland herum und zog im Lauf vieler Jahre Zehntausende an, die Näheres über religiöse Bräuche oder jüdische Künstler erfahren wollten. Schulklassen kamen ebenso wie Emigranten, die nach Israel oder in die USA ausgewandert waren. Gästebucheinträge erzählen, wie sehr sie die Spurensicherung in winzigem Rahmen berührte. Warum so winzig? Warum privat? Der Erfolg der Ein-Mann-Initiative wurde zum Stachel der damaligen städtischen Kulturverwaltung, deren Reaktion man nur als nasskalt bezeichnen kann: In den offiziellen Akten ist vermerkt, dass Vorsicht geboten sei und der »suspekten Einrichtung« wohl keine Bedeutung beigemessen werden müsse …

Schon einige Jahre zuvor hatte Rachel Salamander, eine ebenso blitzgescheite wie belesene Jüdin, die als »Displaced Person« das Lagerleben der Nachkriegszeit kennengelernt hat, in der Fürstenstraße die »Literaturhandlung« gegründet, die weit mehr ist als eine Buchhandlung mit Judaica: ein Diskussionsforum, ein Kristallisationspunkt intellektuellen Lebens, der bald nach größeren Räumen, etwa dem Prinzregententheater, verlangte. Bald gab es Dependancen in Wien und Berlin und höchste Ehrungen für Rachel.

Dabei machten die beiden privaten Initiativen vor allem deutlich, wie viel die Stadt selbst versäumt hatte, die sich als ehemalige »Hauptstadt der Bewegung« doch besonders in der Verantwortung sehen musste. Die ganz große Chance kam mit der Vision von Dr. Lamms Nachfolgerin Charlotte Knobloch von einem Jüdischen Zentrum auf dem St. Jakobsplatz. Über ein Jahrzehnt lang haben wir Hürde für Hürde genommen, aber jetzt gibt es neben der Synagoge und dem Gemeindezentrum mit Kindergarten und koscherem Restaurant ein jüdisches Museum der Stadt, in dessen Foyer man einer Zweigstelle von Rachels Literaturhandlung und in dessen Ausstellungsräumen man manchem Exponat des »suspekten« Herrn Grimm begegnet. Wenn das keine Schlusspointe ist!

Frühchen als Trendsetter

Jetzt erst, tragischerweise viel zu spät, habe ich erfahren, dass ich eigentlich mit meinen Eltern hadern müsste. Haben sie doch tatsächlich, als ich noch ein Dreikäsehoch war und die Frage meiner Einschulung auf der Tagesordnung stand, sogar eine Kinderärztin bemüht, um den Ernst des Lebens für mich noch ein knappes Jahr hinauszuschieben. Ahnungslos, wie Kinder nun einmal sind, war ich ihnen anno dazumal sogar dankbar, dass mein vergnügtes vorschulisches Dasein eine unverhoffte Verlängerung erfuhr. Den »erlittenen Zeitverlust« konnte ich locker wieder einholen, als meine früher eingeschulten Jahrgangsgenossen ihre Ehrenrunden drehten und wegen lächerlicher Fünfer den spröden Stoff eines ganzen Schuljahres gleich zweimal anhören mussten. Bis vor Kurzem hatte ich das Gefühl, die bessere Karte gezogen zu haben.

Aber jetzt fiel es mir wie Schuppen von den Augen: Ich bin betrogen worden! Nicht nur ich, sondern auch noch die deutsche Wirtschaft! Denn die Wirtschaft braucht die Nachwuchskräfte viel früher, als bisher angenommen! Da ist es das Gebot der Stunde, die Kindheit zu verkürzen! Deshalb ist jetzt der schulische Frühstart angesagt, ohne läppische Spielereien, wie sie Kinder nun einmal einfallen, wenn sie ihre Phantasie entfalten dürfen.

Auch die neun Jahre, die ich dann am Gymnasium verbringen durfte, sind einer radikalen Neubewertung zu unterziehen. Während ich mich bisher dem trügerischen Gefühl hingab, die neun Jahre ganz sinnvoll genutzt und auch noch außerhalb des Unterrichts am Nachmittag viel gelernt zu haben, in der Theatergruppe, im Literaturkurs, in der Schülerzeitung und in der Schülermitverwaltung, hat mir der Ministerpräsident jetzt die Augen geöffnet: Die Schule stiehlt uns wertvollste Zeit, die wir schon der Wirtschaft zur Verfügung stellen könnten.

Das deutsche Bildungssystem raubt den Jugendlichen im europäischen Vergleich unwiederbringliche Jahre, die sie für Familiengründung, Beruf und den Aufbau ihrer Altersversorgung nutzen könnten. Deshalb muss gelten: früher in die Schule und früher in den Beruf!

So ist es: Wir können gar nicht früh genug antreten! Frühgeborene, die bislang noch unser Mitgefühl genossen, sind den konventionellen Neun-Monats-Babys von Anfang an wertvolle Wochen voraus! Frühchen sind Trendsetter!

Wir sollten uns also Hals über Kopf in den erbarmungslosen Wettlauf mit der Zeit stürzen und Fragen nach dem dicken Ende erst gar nicht stellen. Heute schon gelten Fünfzigjährige des Alters wegen als schwer vermittelbar. In vielen Berufen liegt die maßgebliche Knackigkeitsgrenze schon bei Fünfundvierzig. Und selbst fest angestellte

Leistungsträger müssen als Endfünfziger damit rechnen, dass ihnen der Personalchef mit einigem Nachdruck den Vorruhestand schmackhaft macht …

Was für herrliche Aussichten: Künftig werden wir dank vorgezogener Erwerbstätigkeit und medizinisch verlängerter Lebensdauer sehr viele Jahrzehnte Zeit haben, auf der Parkbank der versäumten Kindheit nachzutrauern. Dumm nur, dass wir dann als Frührentner oder Tattergreise nicht mehr so viel Spaß am Spiel und Freude an der Phantasie haben werden, wie wir als Kinder gehabt haben könnten.

PS: Allzu radikal wird die Bildungsbeschleunigung hierzulande aber doch nicht betrieben: Man wird auch künftig wegen schlechter Noten durchfallen und dann den spröden Stoff eines ganzen Schuljahres gleich zweimal anhören müssen – dafür muss in Bayern Zeit sein.

Der Rote Radler

Zeitreise in den Frühling

Schon gut, schon gut: In der Winterzeit sind uns Radlern die Autofahrer irgendwie überlegen. Sie sitzen im warmen, während unsere Finger am Lenker einfrieren. Sie können Musik aus dem Autoradio hören, während wir mit der Straßenglätte kämpfen. Dieser Komfort hat was. Nie würden wir es zugeben, aber insgeheim denken wir es uns schon.

Aber dann: der Frühling. Frühlingserwachen im Straßenverkehr. Frühlingslüfte und Frühlingsdüfte. Dann beginnt unsere große Zeit. Und sie wird lange anhalten, bis zum ersten Frost im Spätherbst. Dabei müssen wir natürlich gestehen, dass die Autofahrer rein geografisch gesehen den größeren Aktionsradius haben. Wenn wir uns im Isartal vergnügen, haben sie das ganze Oberland zur Auswahl. Wenn wir bis zum Starnberger See strampeln, spurten sie schnell mal zum Gardasee. Aber bloß kein Sozialneid! Der Mensch bewegt sich nicht nur im Raum, sondern auch in der Zeit. Und da haben wir nun mal den größeren Aktionsradius.

Radtouren sind immer auch Zeitreisen. Zumindest können sie es sein. Mit ein bisschen Phantasie, versteht sich.

Das beginnt schon mit der ersten Fahrt der Saison. Autofahrer leben immer in der Gegenwart. Wie eintönig und langweilig! Sie fahren mit einem Golf oder einem 3er oder 7er von BMW, wie er erst seit wenigen Jahren existiert und bald vom Markt verschwinden wird. Wir Radler hingegen steigen erst einmal hinab in den Keller, um das dort abgestellte Fahrrad wieder aufzustöbern, und versinken buchstäblich in den dunklen Zonen unserer Kindheit. In solchen finsteren Gängen und Abteilen haben wir einmal Angst vor dem schwarzen Mann gehabt. Rodelschlitten erinnern an frostige Nachmittage auf dem Schuttberg, Kartons mit Christbaumschmuck an irgendwie doch schöne Familienfeste. Das Fahrrad selber ist zwar neueren Datums, aber im Prinzip dasselbe wie während der Schulzeit.

Und dann der Hinterhof, in dem wir die Reifen aufpumpen. Kleine Küchenfenster, enge Balkone, das ganze städtische Leben von hinten – Autofahrer bekommen es bei ihrer verzweifelten Suche nach dem wieder sonst wo geparkten Wagen nie mit. Im Hinterhof hat sich das Leben recht wenig geändert in den letzten Jahrzehnten: Keine neuen Karossen, immer noch Blumentöp-

Radler in München

Aus dem Stadtmuseum: Radler in München

fe mit Geranien und Biertragerl mit Augustiner auf den Balkonen.

Danach endlich die erste Fahrt der Saison, noch ein wenig unsicher, aber schon in schwebender, gleitender Glückseligkeit. Mit dem Auto ist man gleich weit weg, eh man sich versieht. Mit dem Fahrrad hingegen kann man auf alten Spuren wandeln, zumindest wenn man noch in der Nähe früherer Wohnorte lebt. Ich liebe es, den alten Schulweg entlangzuradeln, vorbei an unveränderten Fassaden der Gründerzeit, aber auch an neuen Boutiquen, Weinhandlungen und Handyläden, die damalige Bäckereien und Metzgereien abgelöst haben. Radler haben ein plastisches Bild, was Strukturwandel bedeutet.

Aus dem Stadtmuseum: Radler in München

Oder die Fahrt zum Starnberger See. Immer hübsch neben

der Autobahn, die mal Olympiastraße hieß. Ein traumhafter Radweg, auch wenn der Lärm der Automobilisten ein ständiger Begleiter ist. Immerhin fühlt man sich südlich des Mittleren Rings schon ziemlich inmitten der freien Natur, genießt erst die Wälder und dann den Seeblick. Ich erinnere mich, wie stolz ich war, als ich die Distanz das erste Mal munter strampelnd überwand. Heute ertappe ich mich dabei, es schon ganz ordentlich zu finden, die Strecke immer noch zu überwinden. Wie damals.

Ist das Radeln am Ende nur eine nostalgische Zeitreise in längst vergangene Jahre? Weit gefehlt. Dieser Tage besuchte ich ein Büro. Aber schon so ein Büro! Es war in grellen Farben gehalten, knallrot, schockgelb, giftgrün und so fort. An jedem Schreibtisch ein Flachbildschirm. Liegestühle luden zum Entspannen, ein Tischfußball zum Kickern ein. Moderne Zeiten halt. Und in jedem Zimmer standen Fahrräder herum, Mountainbikes oder Cityräder, gestiftet vom Arbeitgeber, damit die Beschäftigten sich umweltfreundlich ihrem Arbeitsplatz nähern. Wo ich diese schöne neue Welt fand? Nein, nicht im Umland und auch nicht am Stadtrand, sondern mittendrin in der Stadt: im Alten Hof, wo einst die Wittelsbacher ihr Herzogtum regierten. Dort haust jetzt das Research and Development Center von Google. Herangeradelte Computeringenieure basteln dort an den Suchmaschinen der Zukunft.

Es gibt zwei Gründe, warum ich Ihnen dies erzähle. Erstens: Wenn Sie sich in der Altstadt wieder mal über Radfahrer ärgern, denken Sie nicht, dass das alles müsliverzehrende Gesundheitsapostel seien, es können auch zukunftsorientierte Hightech-Spezialisten sein, die Fundamente für die Wertschöpfung künftiger Jahre legen. Und zweitens: Radfahrer unternehmen nicht nur Zeitreisen in die längst vergangenen Jahre ihrer Kindheit und Jugend. Sie bewegen sich – im wahrsten Sinne des Wortes – auch in unserer Zukunft. Was bei Autofahrern angesichts endlicher Ölressourcen ja nicht so sicher ist.

Absteiger haben mehr vom Leben

Vor nichts haben die Deutschen mehr Angst als vor dem Abstieg. Am Ende der Saison mit dem eigenen Club absteigen zu müssen ist für Fußballfans die größte Sorge. Auch sonst ist es das Schlimmste, was einem widerfahren kann: absteigen zu müssen. Das steht für sinkendes Einkommen und Ansehen, für Deklassierung, für ein Desaster.

Nur wir Radfahrer wissen, welch herrliches Privileg es sein kann, jederzeit absteigen zu können. Dieses wunderbare Vorrecht im Verkehrsgeschehen haben wir für uns ganz allein. Ganz ohne Verlustängste, ganz im Gegenteil: in Erwartung zusätzlicher Freuden.

Was macht zum Beispiel ein Autofahrer, wenn er plötzlich ein einladendes Straßencafé sieht oder ein Geschäft für längst überfällige Besorgungen entdeckt oder einen Blick in einen offenbar wundervoll begrünten Hinterhof werfen will? Er verzweifelt. Er verflucht sein Gefährt und hadert mit seinem Schicksal. Denn vor den Eisgenuss oder den schnellen Einkauf nebenbei oder den Spaziergang durch fremde Wohnquartiere hat der Herrgott die Parkplatzsuche gesetzt. Und die ist hoffnungslos. Weshalb sie meist nicht einmal begonnen wird. Der Traum vom Eis während des Heimwegs bleibt eine Fata Morgana an der Windschutzscheibe. Für Autofahrer verboten, weil sie nicht herauskommen aus ihrer Blechkiste. Kein Freigang, jedenfalls nicht in begehrten Vierteln.

Wir hingegen! Wir können haltmachen, wo wir wollen. Auf die Rücktrittsbremse treten – wir haben nicht einmal vor dem Rücktritt Angst! – und absteigen, einfach so. Irgendwo wird sich das Rad schon anlehnen lassen, zumindest kurzfristig. An einer Häuserwand neben dem Schuld »Fahrrad anlehnen verboten«, an einem Baum im »Straßenbegleitgrün« (warum soll es nur von Hundehaltern missbraucht werden dürfen) oder an einem Verkehrszeichen (ich persönlich bevorzuge Halteverbotsschilder, weil sie das Klassengefälle zwischen Fahrrädern und Autos besonders anschaulich zum Ausdruck bringen). Und schon sind wir mittendrin im Getümmel, beim Eis-Essen, Einkaufen oder Flanieren.

Ich habe mich schon dabei ertappt, sogar Mitleid mit Autofahrern zu empfinden, die wie angekettet hinter ihrem Lenkrad sitzen. Vielleicht fahren sie gar nicht aus Angeberei ein ums andere Mal die Leopoldstraße auf und ab, damit alle jungen Frauen in den Cafés ihr Cabrio sehen, vielleicht träumen sie nur davon, sie wären mit dem Rad gekommen und könnten sich jetzt einfach bei einer netten Runde dazusetzen. Und haben sie jemals Schwabinger Kostbarkeiten studieren dürfen? Etwa die verschlafene Oase hinter dem Sylvesterkirchlein oder die dörflichen Situationen vor der Katholischen Akademie? Wenn sie da jemals hinkommen, werden sie schon vom folgenden Fahrzeug mit Lichthupe gemahnt, endlich zu schauen, dass sie weiterkommen. Und alle Verlockungen der Konsumwelt bleiben unerreichbar, wenn man aus seinem Verkehrsmittel nicht rauskommt. Radler hingegen kommen mit ihren Gefährt sogar ganz nahe an die Delikatessen oder neuesten DVDs am Marienplatz heran und dürfen absteigen. Am Marienplatz! Da hat der letzte Autofahrer lange vor den Olympischen Spielen von 1972 sein Fahrzeug abgestellt und einen Strafzettel kassiert.

Aber wir dürfen das. Und wir können es vor allem. Urbanität hat viel mit der Wahlfreiheit bei großer Vielfalt zu tun. Wer das Angebot nicht nur im Vorbeifahren erblicken, sondern mit allen Sinnen wahrnehmen will, muss in die Pedale treten – und nach Belieben absteigen. Ein Privileg. Wer radelt, hat mehr von der Stadt.

Spannenlanger Hansl, nudeldicke Dirn

Es war einer jener tristen Junitage, an denen der Winter kein Ende und der Sommer keinen Anfang nehmen wollte, als mich die Reporterin eines lokalen Hörfunksenders im Treppenhaus des Rathauses mit der Frage überfiel, was ich denn vom groß angekündigten, europaweiten Nacktradlertag hielte.

Obwohl ich normalerweise wirklich nicht auf den Mund gefallen bin und auch auf besonders dämliche Fragen eine halbwegs passable Antwort zu geben weiß, verschlug mir die Frage doch die Stimme; räuspernd und krächzend fragte ich nach, ob ich mich da vielleicht verhört hätte, während ich vorsichtshalber schon einmal mit der linken Hand das Mikrophon abdeckte. Die Reporterin gluckste nur fröhlich und meinte, ich sei doch ein leidenschaftlicher Radfahrer und müsste es längst wissen und wahrscheinlich auch befürworten, dass sich am Nacktradlertag in mehr als 50 europäischen Städten Pedaltreter und Pedaltreterinnen scharenweise auf ihren Drahtesel schwingen würden, um für mehr Radwege und überhaupt fahrradfreundlichere Städte zu demonstrieren und ihr durch Strampelei und Blöße gesteigertes Lebensgefühl kundzutun.

Sämtliche Gedanken, die mir spontan durch den

Kopf schossen, musste ich tunlichst für mich behalten, was zu einer peinlichen Schweigeminute führte. Oder hätte ich wirklich äußern sollen, dass auch in unserer edlen Zunft der umweltschonenden Radler mancher ein Rad ab hat? Dass mir jeder Affe auf dem Schleifstein noch attraktiver erscheine als ein Nackedei auf dem Fahrradsattel? Dass jedes Katzenauge den Popo-Backen als Schlusslicht vorzuziehen sei?

Das kam alles nicht infrage, schließlich wollte ich mich in dieses degoutante Thema nicht allzu tief verstricken lassen, und außerdem wusste ich noch nicht einmal, wer hinter dieser völkerverbindenden Aktion stand – Umweltschützer? Naturfreunde? Vertriebene der FKK-Strände? Friedensbewegte? Vielleicht die Grünen? Der Fahrradclub? Die schwul-lesbische Szene? Oder ganz im Gegenteil Heteros, die auch mal provozieren möchten? Man kann ja nie wissen …

Ich stammelte nur herum, dass wir aus gutem Grund Kleider anlegen, bevor wir uns auf öffentlichem Verkehrsgrund bewegen – und dabei solle man es auch bewenden lassen.

In den Abendnachrichten und tags darauf bei der morgendlichen Zeitungslektüre kamen sie dann tatsächlich bedrohlich auf uns zu, die nackten Radler in spanischen und italienischen Städten. Der Anblick war so ähnlich wie an Badestränden und auf Liegewiesen: Wer die besten Gründe hätte, sich sorgfältig zu verhüllen, reißt sich als Erster die Kleider vom Leib. Spannenlanger Hansl, nudeldicke Dirn …

Das fällt mir immer wieder auf, wenn ich auf dem Weg vom Chinesischen Turm zur Innenstadt am Eisbach vorbeikomme und die Bierbäuche in der Nachmittagssonne herüberfunkeln: Warum nur glauben die Leute, die schon in ihren Gewändern einen recht umfangreichen Eindruck machen, sie würden hüllenlos recht übersichtlich wirken? Und woher nehmen sie die Gewissheit, wir wollten all das sehen, was sie als Augenschmaus präsentieren, wo man doch in jeder Ladenstraße studieren kann, wie die Einkaufsbummler andächtig flotte Klamotten und chice Accessoires der Damen- und Herrenoberbekleidung betrachten, während sie an den Koteletts, Rouladen und Würsten der Metzgereiauslage eilig vorüberziehen?

Wir wissen nicht, ob nach dieser machtvollen Demonstration in mehr als 50 Städten jetzt in den mediterranen Ländern Radwege wie Pilze aus dem Boden schießen, Radfahrer plötzlich vom Autoverkehr verschont bleiben und Fröhlichkeit sich breitmacht, wir wissen nur, dass man nicht mehr von vorneherein behaupten kann, Radler seien nachdenklichere Leute mit höheren ästhetischen Ansprüchen. So hatte er also durchaus seine nachhaltige Wirkung, der Nacktradlertag.

Die Jogger – ein Vorbild?

Also wirklich: Wahnsinnig sportlich sind wir ja nicht, wir vergnügungssüchtigen Stadtradler. Wir besteigen den Drahtesel nur, um bequem voranzukommen, ohne uns dabei die Hacken ablaufen zu müssen. Wir gleiten durch die Stadtlandschaft wie Drachenflieger mit Bodenhaftung, fast schwerelos und doch auf der Erde. Das ist ein unbeschwertes Fortkommen, das uns immer wieder aufs Neue von der Leichtigkeit des Seins überzeugt.

Aber manchmal beschert es uns doch Minderwertigkeitskomplexe, wenn uns bei der Spazierfahrt durchs Isartal oder den Westpark plötzlich die entsagungsvollsten aller Sportler entgegenkommen oder wenn wir sie, fast ohne eigenes Zutun, einfach im Freilauf überholen. Die Jogger, die durchs öffentliche Grün keuchen, als wären sie Dampfloks auf ihrer letzten Bergfahrt. Wie verhärmt die schon aussehen! Verkniffene Gesichter, rollende Augen, bedrohlich hervortretende Adern. Und das alles schon im Morgengrauen, wo vernünftige Leute den Tag erst einmal ganz entspannt angehen lassen! Das soll gesund sein? Vielleicht haben sie ja tatsächlich die bessere Kondition. Aber wir haben, wie uns die Medizinstatistik und unser eigenes Lustgefühl klar vermitteln, weniger Knieschäden und mehr Spaß am Leben!

Wir müssen doch nur in den Stadtpark einrollen und haben sofort das Empfinden, gefühlte Stunden im Freien zu sein. Jogger hingegen muffeln schon bald nach dem Start in ihren schlabbrigen Trainingshosen, als seien sie schon gerochene Stunden bei ihrer schweißtreibenden Tätigkeit.

Selbst wenn sie sich zu ihren Strapazen verabreden, kommt niemals Geselligkeit auf. Für ein Gespräch, ja selbst einen kurzen Wortwechsel reicht die Puste nicht. Radfahrer hingegen können, wenn der Weg nur breit genug ist, um nebeneinander zu fahren, mühelos die ganze letzte Woche Revue passieren lassen, den Tabellenstand der Bundesliga erörtern oder nach Herzenslust Filme in der Luft zerreißen.

Die drastischste anthropologische Beobachtung beim Vergleich von Radlern und Joggern habe ich kürzlich in der Hauptstadt gemacht, am schönen Ufer der Spree. Da kamen doch tatsächlich junge Pärchen daher, teils radelnd, teils joggend, gewissermaßen Mischehen: Die junge Frau locker im Sattel, den Fahrweg entlanggleitend, er ächzend und keuchend nebenher, nur allzu grimmig entschlossen, unbedingt Schritt zu halten, so weit die Füße tragen.

So ungerecht sind die Rollen bei der Fortbewegung sonst nur im arabischen Raum verteilt, wenn er hoch droben auf dem Kamel sitzt und sie voneweg laufen muss, weil das Gelände noch vermint sein soll. Was in Scheichfamilien ein Produkt der Unterdrückung war, scheint bei Joggern aber ganz freiwillig zu geschehen. Sie könnten sich durchaus ein komfortableres Fortbewegungsmittel leisten, nehmen aber geradezu lustvoll alle Unbill auf sich.

Diese Beobachtung zwingt uns Fragen auf, die gelegentlich auch schon durch neueste Abitur-statistiken aufgeworfen werden: Sind die Mäd-chen am Ende intelligenter? Diesen Verdacht hat die fabelhafte feministische Karikaturistin Marie Marcks auch schon einmal ausgestreut – mit der Karikatur eines Muskelprotzes, der als Atlas mit letzter Kraft und schmerzverzerrtem Gesicht die Erdkugel in die Höhe stemmte. Ein fröhlich-fre-ches Mädchen, das beschwingt vorbeihüpfte, rief ihm zu: »Roll das Ding doch, du Blödmann!«

Liegt es wirklich am Geschlecht, dass viele Jog-ger die Vorzüge des Rades schon wieder vergessen haben, während sich die jungen Frauen an ihrer Seite munter dieser uralten Menschheitserfindung bedienen?

Zu solchen Pauschalurteilen sollten wir uns denn doch nicht versteigen. Schließlich gibt es ja auch weibliche Joggerinnen und männliche Rad-fahrer. Nein, es muss das Fahrrad sein, das den menschlichen Geist beflügelt …

Jogger haben ja auch was vom Leben, auch wenn es nicht unbedingt Spaß sein muss. Sie haben zum Beispiel ein unheimlich ausgeprägtes Selbstbe-wusstsein, weil sie schon zu unglaublich früher Stunde durch die Parklandschaft keuchen, nicht erst in der Abenddämmerung zum Biergarten gleiten. Sie können prahlen im Büro und von ihrer Selbstüberwindung erzählen, die allen rings-um einen Mordsrespekt einjagt. Und sie sind fit, unheimlich fit, bis ins Alter hinein fit, wenn sie nicht gerade an ihren Knieleiden herumlaborieren.

Also wirklich: Wir bewundern euch, euch alle, Joggerinnen und Jogger, auch wenn ihr beim Laufen so verhärmt dreinblickt und schon nach ein paar Hundert Metern stöhnt. Wir legen euch unsere Bewunderung vor eure Füße und danken dem Herrn, dass wir nicht so sind wie ihr – so fit, so diszipliniert, so durchtrainiert.

Sklavenarbeit und Königsschmarrn

Ein Sonnentag wie im Bilderbuch mit weiß-blauem Himmel und prächtigem Licht. Die Maria strahlt golden auf ihrer Säule. Und dann ist auch noch im Handumdrehen die Sitzung des Stadtrats zu Ende. Geschenkte Zeit. Wenn man jetzt ein Fahrrad hätte, könnte man sich ganz schnell übers Tal in die Isarauen schlagen oder durch den Hofgarten zum Kleinhesseloher See fahren und dem goldenen Herbst eine Ferienstunde abtrotzen. Doch weit und breit ist kein Fahrrad zu sehen.

Weit und breit? Da stehen sie doch, in der Straßenkurve vor dem Fischbrunnen, aufgereiht wie Perlen an der Kette: Drahtesel mit gelben Sonnendächern, wie in Peking vor dem kaiserlichen Palast. Rikschas für Touristen und für Einheimische, die gerade kein Rad zur Hand haben.

Auch bei uns ist das schon ein Brauch aus dem letzten Jahrtausend, denn angefangen hat er im Jahr 1998. Meine erste Fahrt bekam ich als Geburtstagsgeschenk, von zu Hause ins Rathaus – mein Gott, war mir das peinlich! Wie ein Kolonialherr und Menschenschinder kam ich mir unter dem adretten Sonnendach vor, während sich der Fahrer ächzend bemühte, nach jedem Rotlicht wieder anzufahren und Tempo zu gewinnen. Von der Stadt bekam ich weniger mit als bei jeder Autofahrt, weil ich mir die morgendliche Zeitung so dicht vor die Nase hielt, dass mich niemand in der schändlichen Rolle des Sklaventreibers erkennen konnte.

Erst im Prunkhof des Rathauses wurde mir Trost zuteil: Der vermeintlich geschundene Sklave erzählte, dass er ein Jungunternehmer sei und es einfach fabelhaft finde, mit seinem Hobby auch noch Geld zu verdienen, während Jogger keinen Pfennig dafür bekommen, dass sie laufen, bis sich das Gesicht bedrohlich blau verfärbt. Der Tourismus, erklärte er mir noch, sei eine Wachstumsbranche, und bald werde er seinen Profit in weitere Rikschas investieren, die aus der Service-Wüste Altstadt ein richtiges Touristen-Paradies

Rikschas in München

machen, wie es den Fiakern rund um den Wiener Stephansdom schon so vorbildlich gelungen sei …

Inzwischen steht ein stolzer Fuhrpark am Rande des Marienplatzes. Also, warum nicht: Rikschafahren! Ohne Hemmungen und Skrupel, schließlich verdienen die jungen Leute gutes Geld damit.

Die Preisverhandlungen sind ein Kapitel für sich, denn die Preislisten an den Seitenwänden des Sonnendachs sind nicht das letzte Wort. Raffael, so lerne ich, schafft es in zwölf Minuten zum Chinesischen Turm, erzählt aber nichts über die Stadt. Er lebt vom schnellen Strampeln, richtig hauptberuflich, fünfmal die Woche. Die Studenten, die seltener fahren, wissen mehr zu berichten, sollen einen manchmal aber regelrecht zuquasseln. So entschied ich mich für die junge Salzburgerin, die nachdrücklich beteuert, nur aus Liebe zu München in die Pedale zu treten.

Beim Start beginnt sie kenntnisreich mit dem Hinweis, dass sich das Glockenspiel täglich dreimal drehe und man die Eule am Schluss auf keinen Fall versäumen solle. Selbst das Geldbeutelwaschen am Aschermittwoch erläutert sie ganz korrekt, und dann geht es los, am Dallmayr und am Alten Hof vorbei zur Residenz, wo sie plötzlich abbremst, weil man dem Bronzelöwen die Nase reiben muss. Kein Fahrgast der Sightseeing-Busse ist je so tief ins Münchner Brauchtum vorgedrungen!

An der Feldherrnhalle erzählt sie, woher das Drückebergergasserl seinen Namen hat, dann gelangt sie mit Präzisionsarbeit durch die Absperrgitter des Hofgartens und strampelt durch die Blumenpracht, wo sie verkündet, den Diana-Tempel habe Ludwig II. seiner Geliebten, der Prinzessin Diana, errichtet. So ein Königsschmarrn! Na, na, räuspere ich mich, und sie setzt gleich nach: Es ist doch wurscht, ob es stimmt, aber von Ludwig II. und erst recht von Lady Di hören die Touris immer wieder gerne. Warum sollte man es ihr verwehren, wo doch nach diesem Muster ganze Musical-Abende gestrickt werden?

Zum Hofbräuhaus fährt sie nicht so gerne, wegen der engen Gassen und der Einbahnstraßen (die sie offenbar respektiert). Aber lukrativ sei es schon, das Hofbräuhaus. Drei Betrunkene, die sie von der Schwemme zum Hauptbahnhof transportiert hat, haben den vereinbarten Fahrpreis lallend gleich dreimal entrichtet. Zurückweisen wollte sie diese freundliche Geste natürlich nicht.

Wenn Sie mal wieder in der Altstadt sind, ärgern Sie sich bitte nicht, dass da neben allen Taxis, abgestellten Rädern und Verkaufsvitrinen auch noch Rikschas im Weg stehen. Steigen Sie ein und lassen Sie sich an Orte wie die Innenhöfe der Residenz entführen, in die noch kein Bustourist gefahren wurde.

Mit wem Ludwig II. wirklich verbandelt war, können Sie ja dann am Abend in einem wirklich guten München-Buch nachschlagen.

Die sommerliche Rückkehr
der Prüfungsangst

Es gibt Tage, an denen die Zeitungslektüre der un-
beschwerten Leichtigkeit des Seins ein jähes Ende
setzt. Ausgerechnet zu Beginn der Sommerferien
erscheinen solche Artikel, die einem den Angst-
schweiß auf die Stirn treiben können. Damit meine
ich nicht einmal die Meinungsumfragen über die
SPD, denn an diese Abgründe konnte man sich
gewöhnen, jahrein, jahraus. Ich meine vielmehr
diese schrecklichen Berichte, wie in diesem Jahr
die Abituraufgaben lauteten.

Da stehen mathematische Formeln und Brüche,
die mehr an Aenne Burdas Schnittmuster erinnern
als an ein lösbares Problem. Chemie: Botschaften
aus einer fremden Welt in unbegreiflichen Hiero-
glyphen. Physik: Dank vieler Besuche des Deutschen Museums könnte ich ja den Faradayschen
Käfig erklären, aber jetzt werden offenbar Kandidaten für den Nobelpreis gesucht. Mit derart
chiffrierten Nachrichten könnten Geheimdienste
ungefährdet ihre Agenten mit Zeitungsanzeigen
instruieren. Sogar für den Deutschaufsatz, eigentlich eine beschauliche Insel der Schwafelei in
einem Meer des Faktenwissens, bringen sie so präzise Fragestellungen, dass es einem die Sprache
verschlägt. Es ist nicht nur deprimierend, solche

Bücher mit sieben Siegeln auf den Frühstückstisch geworfen zu bekommen, es ist einfach demütigend, mit dieser brutalstmöglichen Aufklärung klargemacht zu bekommen, dass man von gestern ist und wie ein Blinder durch die heutige Wissensgesellschaft tapst.

Doch das Allerschlimmste ist die Erinnerung: Wir selber haben solche Aufgaben einmal verstanden, mehr noch, wir haben sie gelöst! Unglaublich. Und diese Einsicht hindert uns daran, die Abituraufgaben in der sommerlichen Presse einfach den unleserlichen, unverständlichen Texten zuzuordnen, die kein Mensch verstehen kann, wie beispielsweise Gebrauchsanweisungen für Laptops und iPods. Wir selber bewegten uns einmal auf diesem unfassbar hohen Niveau, und heutige Abiturienten, diese Grünschnäbel mit Pickelgesicht, können es offenbar heute noch, während wir ausgereiften Vollakademiker nur noch Bahnhof verstehen.

Tief erschüttert darüber, dass der berufliche Aufstieg womöglich nur ein einziger Absturz aus längst vergessenen geistigen Höhen in die Routine des Alltags war, beschließen wir, aus dieser Welt des Leistungsdrucks und der Prüfungsangst zu fliehen, einfach ein paar Stunden am Wochenende »aus dem Leben eines Taugenichts« zu genießen (auch das ist Bildung!), quer durch den Englischen Garten zu schweben oder die Isar entlangzuradeln, begleitet vom Gezwitscher der Vögel: Sie säen nicht und sie ernten nicht und der Herr ernährt sie doch.

Freilich bleibt einem die revitalisierte Prüfungsangst auch bei der Flucht in die Sorglosigkeit auf den Fersen: War es nicht hier, auf der Höhe des Stauwehrs oder weiter hinten bei der Fröttmaninger Brücke, dass ich als Kind in Glasscherben hineingefahren bin, die Luft aus dem Reifen entweichen hörte und mit ansehen musste, wie ein Plattfuß den vergnüglichen Ausflug stoppte?

Ich war damals zwölf. Wahrlich nicht technisch versiert. Aber doch in der Lage, das betroffene Hinterrad herauszuheben, den Schlauch freizulegen, die schadhafte Stelle mit einem kleinen Hobel aus dem Flickzeugschachterl aufzurauen und mit einem Pflaster zu versehen und anschließend den reparierten Schlauch in den Mantel zurückzuzaubern und das Hinterrad wieder vorschriftsmäßig einzuhängen und die Fahrradkette auch wieder funktionstüchtig anzubringen. Erstaunlich. Mit zwölf Jahren! Und heute?

Ich hätte gar kein Flickzeugschachterl dabei. Wüsste auch nicht, wie man das Hinterrad trotz dieser Sieben-Gang-Schaltung herausbekommt. Bekäme die Kette nie wieder ins Laufen. Würde verzweifelt das Rad irgendwo anschnallen und mit dem Handy ein Taxi rufen. Ist das nicht trostlos? An Abiturthemen würden wohl auch andere meiner Altersgruppe scheitern. Aber an Kinderkram?

Doch jetzt kommt endlich die Wendung zum Guten. Ausgerechnet Olympia brachte den Trost, genauer gesagt: die Teilnahme an Treffen im Zeichen der fünf Ringe. Seit sich München um die

Winterspiele 2018 bewirbt, muss ich solchen gesellschaftlichen Zusammenkünften im sportlichen Olymp immer wieder beiwohnen. Meine tröstlichste Entdeckung dabei: Gerade die Besten der Besten führen uns vor, dass es völlig ausreicht, in der Jugend mal toll gewesen zu sein, man muss das jetzt nicht mehr können, nur immer wieder daran erinnern, dass man es einmal gekonnt hat. Kein Mensch verlangt von den Urgroßvätern der olympischen Familie, die immer noch höchste Ämter bekleiden, dass sie 3000 Meter mit irrem Tempo zurücklegen können. Sie haben es einmal gekonnt, und der Ruhm wirkt noch Jahrzehnte später nach, auch wenn heute der Gang von Empfang zu Empfang mehr durch aktuelle Bandscheibenvorfälle als durch frühere Triumphe geprägt wird. Wir wollen es halten wie die Olympioniken: Das Reifezeugnis ist unser persönlicher Medaillenspiegel, den uns niemand mehr nehmen kann. Die Fähigkeit, die damaligen Aufgaben zu lösen, bleibt zwar nicht, wohl aber der Ruhm!

Und genauso wollen wir es mit den Verrichtungen halten, die uns beim Radeln nicht mehr gelingen wollen. Bloß keine Minderwertigkeitskomplexe! Wenn wir also ein Kind am Rande des Radwegs sehen, das ohne jeden Beistand seinen Platten repariert, atmen wir tief durch und freuen uns, dass es heute noch solche cleveren Kerle gibt, die so etwas mit großem Geschick beherrschen! Wie wir seinerzeit. Lange vor den Spielen in München, in Rekordzeit!

Meiden Sie den Weg nach Großhesselohe!

Wenn Sie auch eine sadistische Veranlagung haben, hören Sie einfach mal in den Verkehrsfunk hinein: Man möchte gar nicht glauben, wie viele Autobahnabschnitte und Landstraßen es allein in Oberbayern gibt, auf denen man mühelos stundenlang im Stau stehen kann. »Stehender Verkehr« heißt das in der Fachsprache der Verkehrsdurchsagen. Ein schönes Bild.

Da stehen sie dann, die Blechschlangen der Sommerferien, Stoßstange an Stoßstange, kilometerlang vor den Badeseen im Oberland, auf den Autobahnen nach Süden. Der linke Arm, der Autoarm, verbrutzelt langsam, aber sicher wie ein Grillwürstchen, weil er aus dem Fenster baumelt, um Fahrtwind mitzubekommen. Fahrtwind? Vergessen wir das.

Wenigstens ist der Stau gesellig: Man kann mit wildfremden Automobilisten aus dem Rheinland im siedend heißen Fahrzeug, was sage ich: »Steh«zeug, auf der Überholspur angeregt debattieren, was eigentlich ein sündteures Navigationssystem hilft, wenn sämtliche Straßen in sämtlichen Richtungen verstopft sind.

Wir Radfahrer als die letzten mobilen Menschen unserer Stau-Zeit bevorzugen die Fortbewegung.

Durch Gärten, Parks oder Täler dahinschweben, während die Autofahrer in ihren Blechkisten gar gekocht werden. Sogar die Entwicklung der Benzinpreise lässt uns ziemlich kalt, zumindest beim Ausflug am Feierabend oder am Wochenende. Wir verbrennen eigene Kalorien und kein Öl der Saudis, das adelt unsere Genusssucht auch noch mit wirtschaftlicher Vernunft.

Früher habe ich leidenschaftlich für meine Lieblingsstrecke geworben – sie führt durch den Englischen Garten zum Haus der Kunst, an den Surfern des Stadtbachs vorbei zur Isar und dann immer flussaufwärts, am Tierpark entlang bis zur Großhesseloher Brücke, wo dann nach einem strapaziösen Aufstieg die Belohnungsmaß winkt – aber heute lasse ich das lieber sein. Es gibt eh schon viel zu viele, die sich auf diesen Weg machen: rücksichtslose Flitzer mit Radlhelmen und Turbomentalität, verträumt nebeneinander fahrende Paare, die einem ewig im Weg bleiben, Familien mit radwegbreiten Kinderanhängern, ganze Horden von Gegenverkehr und zu allem Überfluss auch noch Blader, die mit weit ausholenden Armbewegungen schüchterne Radler in die Büsche fegen.

Deshalb propagiere ich jetzt nur noch andere Strecken, die Sie unbedingt einmal ausprobieren müssen: Wie wäre es zum Beispiel, das geliebte Isartal endlich einmal flussabwärts zu fahren, durch die Einsamkeit des nördlichen Englischen Gartens und die traumhafte Flusslandschaft bis Freising, wo in Weihenstephan, Bayerns ältester Brauerei, ebenfalls kühles Bier unter Kastanien lockt? Der Weg hat zwar keinen Asphalt, aber auch keinen beklagenswerten Gegenverkehr. Oder nach Osten zum ehemaligen Flughafengelände, wo seit der Bundesgartenschau 2005 breite Wege zur Entdeckung der neuen Parklandschaft einladen? Oder aber nach Nordwesten zum Lußsee, der in einer völlig neuen Erholungslandschaft zum Bade lädt? Oder – wenn es nicht so weit sein soll – vom Olympiapark in den Petuelpark, der nicht nur mit breiten Wegen und heiteren Kunstwerken lockt, sondern auch mit einem imposanten großstädtischen Panorama?

Sie sollten wirklich mal in die Pedale treten, um diese neuen Routen zu erkunden – und die Fahrt nach Großhesselohe meiden! Denn dieser Weg wird wirklich erst dann wieder schön, wenn er nicht so überlaufen wird. Das Radeln könnte ja so herrlich sein, wenn es nicht zu viele Radler gäbe!

Angstfrei in die Zukunft schweben

Pünktlich zum Stadtjubiläum, zum 850. Jahrestag der ersten urkundlichen Erwähnung Münchens, ist den Konservativen hierzulande ihre größte Angst genommen worden. Fast ein ganzes Jahr lang hatten sie bei jeder passenden und unpassenden Gelegenheit ihre Schreckensvision an die Wand gemalt: Es werde eines nahen Tages geschehen, dass der Edmund-Stoiber-Transrapid zum Franz-Josef-Strauß-Flughafen fertiggestellt ist, und dann werde am Tag der feierlichen Eröffnung, wenn Bayerns Schulkinder an der Trasse ihre weiß-blauen Fähnchen schwingen, ausgerechnet der Münchner Oberbürgermeister die Festansprache halten, obwohl er doch überhaupt rein gar nichts zum Gelingen des großartigen Leuchtturm-Projektes beigetragen, sondern ganz im Gegenteil skandalöse, fortschrittsfeindliche und zutiefst verwerfliche Zweifel an der Finanzierbarkeit geäußert hat ... Aber dann hält der scheinheilige Wicht trotz alledem die Eröffnungsrede – eine grauenhafte Vorstellung!

Diese Schändung eines bayerischen Festtags, die alle sensiblen Mitglieder der Staatsregierung schon im Voraus erschauern ließ, bleibt uns ja jetzt gottlob erspart, weil der Festtag selber ... Aber lassen wir das.

Werden wir jetzt wirklich niemals schweben dürfen? Uns Radlern stellt sich diese Frage gar nicht, denn wir schweben seit jeher. Nicht immer, also beispielsweise keineswegs, wenn es keuchend bergauf geht oder hoppelnd über Kopfsteinpflaster oder schlecht reparierte Straßen, aber durchaus von Zeit zu Zeit, wenn wir auf breiten Wegen im Englischen Garten oder im Westpark Rückenwind verspüren oder von der Waldwirtschaft zurückkommen, die Isar entlang und ganz sanft flussabwärts fahrend, sodass das Rad schon von allein fährt und jeder, der des freihändigen Fahrens kundig ist, den Lenker schon einmal loslassen und die Arme ausbreiten kann, als wolle er aus Dank für die vermeintliche Schwerelosigkeit die Stadt umarmen.

So haben wir Schwebenden keine Angst vor der Zukunft, nicht einmal vor Würdenträgern, die feierlich Radwege preisen, die sie einstmals energisch abgelehnt haben. Wie unbeschwert wir Pedaltreter in die Zukunft blicken können, wurde mir jetzt erst bewusst bei der Seniorenmesse 66. Das war für mich schon deshalb ein denkwürdiges Ereignis, weil es die erste Seniorenveranstaltung war, bei der ich »als Betroffener« sprechen durfte, was mir bislang noch bei keiner Feier eines Altenclubs und keinem Vortrag in einem Alten-Service-Zentrum widerfahren ist. Mein Thema lautete: »Radeln im Alter.«

Marianne Koch und ein Herr von der AOK haben mich tatkräftig unterstützt, den versammelten älteren Herrschaften klarzumachen, dass es eigentlich für »best ager« gar nichts Besseres gibt, als den Drahtesel zu besteigen. Man denke nur an die Schonung der Kniegelenke! Jogger sollten sich da eine Scheibe abschneiden! Und dann der Kreislauf, der so herrlich angekurbelt wird! Ganz zu schweigen vom Gleichgewichtssinn, der tagtäglich geschult werden mag und dann auch behilflich ist, wenn es gilt, aus der Badewanne aus- oder gar auf einen Stuhl hinaufzusteigen. Und selbst das Gedächtnis wird vortrefflich trainiert und auf Trab gehalten, wenn wir uns von Zeit zu Zeit munter strampelnd fortbewegen.

Anderen Alternativen, in reifem Alter einen jugendlichen Eindruck zu erwecken, hat Marianne Koch die rote Karte gezeigt, und das nicht nur, weil Schönheitsoperationen so fürchterlich kostspielig sind und oft den angestrebten Zweck bemitleidenswert verfehlen, nein, sie ging das Thema noch viel fundamentalistischer an und meinte, aus medizinischer Sicht mache es keinen Sinn, »nur die Hülle zu straffen«, man müsse schon »das Ganze in Schwung bringen« – zum Beispiel auf dem Fahrradsattel.

So kann es für alle Seniorinnen und Senioren, die nicht alt aussehen wollen, nur einen Schlachtruf geben: »Auf's Rad! Auf's Rad!« Oder etwas theatralischer: »Ein Königreich für ein Rad!«

Einladung zum Quellenstudium

Was habe ich diesen ollen Spruch der Lateiner gehasst: Ad fontes! Zu den Quellen! Auf Deutsch hieß das nichts anderes, als auf die Freuden eines Schwabinger Studentenlebens zwischen Leopoldstraße und Café Monopteros zu verzichten und zwischen den monströsen Regalwänden des Staatsarchivs wie in einem Bergwerk zu verschwinden, um unleserlichen Dokumenten studienhalber abermals ein längst gelüftetes Geheimnis über irgendeinen Gesandten beim Frankfurter Fürstentag zu entreißen.

Trotzdem möchte ich Sie heute allen Ernstes zu einem Quellenstudium einladen. Ad fontes! Dieses Studium der Quellen fördert zwar auch Erkenntnisse zutage, bedeutet aber zunächst Vergnügen pur: gewissermaßen die Krönung des Münchner Radlerdaseins. Sie müssen mir nur folgen, erst hinaus und dann hinunter: zu den Quellen. Genauer gesagt: Erst isaraufwärts und weiter zu Mangfall und Loisach, dann hinunter zu den Grundwasserfassungen und Spiralschächten, in denen unser Münchner Wasser sprudelt und gurgelt, ehe es durch riesige Leitungen sanft bergab in die Landeshauptstadt fließt.

Mit eigener Ortskenntnis müssen Sie sich nur bis zum Deutschen Museum durchschlagen, von dort an haben die Münchner Stadtwerke den M-Wasserweg vorzüglich beschildert und mit informativen Tafeln ausgestattet. So lernen wir, dass Oskar von Miller, der Gründer des Museums, vom Mangfalltal bis München anno 1892 die erste Landstreckenübertragung von Elektrizität in Hochspannung zustande gebracht hat. Das bildet! Und das ist genau unsere Strecke.

Den ersten Abschnitt teilen wir noch mit unzähligen Liebhabern des Isartals, die durch die renaturierte Auenlandschaft strampeln, aber dann geht's links ab, wird immer lauschiger und lehrreicher, weil wir nebenbei bei kurzen Verschnaufpausen von den Tafeln erfahren, dass der durchschnittliche Münchner am Tag 130 Liter Wasser verbraucht, dass insgesamt täglich rund 320 Millionen Liter benötigt werden, dass rund 80 Prozent davon aus dem Mangfalltal kommen und München dank Professor Pettenkofer schon seit 1883 seine zentrale Wasserversorgung aus dem Voralpenland hat. Bei einem Wasserkraftwerk bringt man uns bei, dass die Stadtwerke insgesamt neun davon betreiben, bei einem Wasserturm erklärt man uns den schönen Fachausdruck »Behälteratmung«, der nicht mehr besagt, als dass der Wasserspiegel je nach Bedarf steigt oder sinkt. In einem Rundbau der Gründerzeit, der »Reisacher Grundwasserfassung«, können wir endlich einen Blick in die sprudelnden Tiefen der Wasserversorgung werfen, ebenso im Thalhamer Spiralschacht, in dem das Wasser auf einer Toboggan-artigen Rutsche ein paar Meter sanft hinuntergleitet, damit nicht zu viel Kohlensäure entweicht (mal ehrlich: Hätten Sie das gewusst?).

Der Wasserweg befriedigt aber nicht nur auf angenehm beiläufige Weise unseren faustischen Erkenntnisdrang, sondern eröffnet auch unverhoffte Einblicke in Naturschönheiten, zum Beispiel in Mischwälder, die eigens wieder aufgeforstet wurden, oder in den saftiggrünen Baumbestand des Mangfalltals: So gesund sieht selbst die Natur nur selten aus.

Und dann wird der Radfahrer abseits der stark frequentierten Routen mit kulturellen Entdeckungen belohnt: beispielsweise mit dem Gotzinger Kircherl, das mit seinem Friedhof seit Jahrhunderten unberührt dazuliegen scheint, ein spätgotischer Bau, der um 1500 errichtet und im Spätbarock umgestaltet wurde, mit schindelgedecktem Zwiebeltürmchen und sehenswerten Fresken. Nebenan ist der Gasthof nach der »Gotzinger Trommel« benannt, der die Burschen aus dem Oberland folgten, ehe sie in der Sendlinger Mordweihnacht 1705 schändlich hingemordet wurden. Eine Marmortafel im Kircherl erinnert namentlich an die Gefallenen des Freiheitskampfes. Eigentlich muss man sich schämen, dass man so ein Kleinod bayerischer Baukunst und Landesgeschichte vorher nicht gekannt hat.

Auf historischem Boden bewegt man sich übrigens auch schon ziemlich am Anfang, in der Kugler-Alm in Deisenhofen. Dort ist nämlich tatsächlich das Radler erfunden worden, jenes herrlich-erfrischende Getränk, das schon ein wenig an

Bier erinnert, ohne uns mit seinen Prozenten gleich aus dem Sattel zu werfen. Man kann es allerdings nicht mehr mit ungetrübter Freude konsumieren, seit Dieter Hildebrandt es »ein klebriges und ekelhaftes, durch und durch widerliches Gesöff« genannt hat. Schlimmer noch: Das Radler sei »ein typischer Ausdruck kleinbürgerlicher Doppelmoral«, es stehe für »die Verdünnung der Substanz« und sei somit »das symptomatische Getränk unserer Zeit«.

Lassen wir also das Radler beseite und wenden wir uns den kulinarischen Köstlichkeiten zu, die über 100 Öko-Bauern im Wasserschutzgebiet herstellen und meist auch selbst vermarkten: Da schmeckt der Käse noch nach Käse, die Wurst nach Wurst, und das Brot hat ein Aroma, dass man es überhaupt am liebsten pur essen möchte. Auch Milch von zumindest zufrieden wirkenden Kühen wird gereicht und Schnaps aus eigener Produktion. Die Heimfahrt muss man ja nicht strampelnd absolvieren. Wofür gibt es die S-Bahn-Stationen Holzkirchen oder Kreuzstraße oder die Bayerische Oberlandbahn in Gmund? Kenner machen es wie der Autor: Radeln mal diesen und mal jenen Abschnitt und bringen nur in Erzählungen die gesamte Strecke in einem Rutsch hinter sich.

Nieder mit dem Rambo in uns!

Sehen wir die Sache doch erst einmal so, wie sie tatsächlich ist: Es ist einfach herrlich, bei sommerlichen Temperaturen, die uns nun doch noch beschert sind, mit dem Fahrrad durch die Stadt zu gleiten, kreuz und quer im Westpark, im Riemer Landschaftspark oder im Englischen Garten herumzufahren, durch Leopold- und Ludwigstraße ins Herz der Altstadt vorzudringen oder die Isar hinauf- oder hinunterzustrampeln, mitten durch die Natur, am kühlenden Fluss entlang und an Grillfesten vorbei.

So weit, so gut. Leider sehen es andere Leute aber ganz anders. Auf meinem Schreibtisch stapeln sich schon die Beschwerdebriefe: Radler sind rücksichtslose Menschen, ohne Anstand und Skrupel, schlimmer noch als Porschefahrer, die grundsätzlich nur mit eingeschalteter Lichthupe fahren: Radler warnen ihre potenziellen Opfer nicht einmal mit Lichtsignalen, sondern fallen sie einfach auf dem Bürgersteig an. Ältere Damen schreiben mir, dass sie sich schon gar nicht mehr zur Haustür hinauswagen, ohne sorgfältig nach rechts und links zu blicken, ob der Gehsteig vielleicht einen glücklichen Moment lang frei ist von rasenden Pedaltretern – dann huschen sie schnell in den Zwischenraum zwischen zwei parkenden Autos, um die nächsten Gefahrenlagen zu sondieren. Es muss ein schweres Schicksal sein, sich zu Fuß durch die Stadt bewegen zu wollen, wenn gleichzeitig Heerscharen ansonsten verträglicher Menschen mit dem Rad unterwegs sind.

Natürlich stecken wir von der radelnden Zunft solche Rügen nicht wortlos ein. Wir können schon Widerworte geben und beispielsweise fragen, warum Fußgängergruppen, vor allem Senioren, ihre nachbarschaftliche Plauderei ausgerechnet auf dem Radlweg verrichten müssen, wie man es zwischen Münchner Freiheit und Feldherrnhalle, aber auch in der Lindwurmstraße immer wieder beobachten kann. Auch Touristen brauchen sich nicht zu beschweren, weil sie doch ihren Stadtplan grundsätzlich nur in der Radlfurt vor der Alten Post studieren. Ich frage mich schon, ob sie diese Stelle wirklich intuitiv finden oder ob eine heimliche Radlhasserin unter den Münchner Reiseleiterinnen sie planvoll an diesen Ort führt. Ganz zu schweigen von den Autofahrern, die ihre Blechkiste auf dem Radlweg abstellen müssen, selbst wenn in der näheren Nachbarschaft freie Parkplätze winken. Und warum sollten wir auf der Straße fahren, wenn uns dort ein widerliches Kopfsteinpflaster durchschütteln würde? Zu guter Letzt: Sind es nicht häufig unsere lieben Kleinen, die den lauernden Gefahren des Autoverkehrs ausweichen, indem sie wohlbedacht den Gehweg benutzen? Und sind verängstigte Seniorinnen und Senioren auf ihrem Drahtesel nicht genauso schutzbedürftig?

186

So lässt sich manche rhetorische Schlacht über die Verwahrlosung des Radverkehrs ganz gut bestreiten. Es ist nicht so, dass die Radfahrer keine Gegenargumente hätten und keine Gegenangriffe starten könnten. Und trotzdem stimmt es: Sie werden immer rücksichtsloser.

Heutzutage benutzen halt nicht nur besonders bescheidene und besonders umweltfreundliche Zeitgenossen ein Fahrrad, sondern auch Menschen wie du und ich. Und wir wissen doch, wie wir sind: Wir halten nur bei Rot, wenn auch ein triftiger Grund dafür spricht. Wir bilden uns ein, vom Fahrradhelm bis zum Turnschuh ein Vorbild zu sein, weil wir nicht knattern und lärmen wie der motorisierte Verkehr, weder Abgase noch Feinstaub verbreiten – das genügt.

Trotzdem gäbe es auch für unsereinen allen Grund, ein wenig reumütig in sich zu gehen. Der Rambo in uns fordert nämlich schon Opfer in den eigenen Reihen! Kürzlich erschien im Münchner Rathaus eine der prinzipienfestesten Verfechterinnen des Radverkehrs reichlich lädiert nach einem Fahrradunfall: Der entgegenkommende Radfahrer auf dem Radweg der Ludwigstraße muss auf sie zugerast sein wie der schwarze Bösewicht beim Kaltenberger Ritterturnier, um sie aus dem Sattel zu heben, was auch auf Anhieb gelang.

Da muss schon die Frage erlaubt sein, auch wenn sie ein wenig sauertöpfisch oder spießbürgerlich oder gar nestbeschmutzend wirkt: Würde es den herrlichen Fahrten irgendetwas von ihrem Reiz und ihrem Vergnügen nehmen, wenn wir

endlich mehr Rücksicht auf Fußgänger, radelnden Verkehr und sogar auch auf Autos nähmen?
Rechtzeitig abbremsen, statt zu Tode erschrecken?
Selber Verkehrsregeln einhalten, statt Autofahrern
auch noch den Stinkefinger zu zeigen oder mit der
Faust zu drohen, weil wir nicht damit gerechnet
haben, dass sie – von rechts kommend – tatsächlich
von ihrem Vorfahrtsrecht Gebrauch machen?

Von Flamingos und Muskelprotzen

Hallo, Sie! Ja, genau: Sie! Sie, liebe Leserin oder geschätzter Leser, Sie gehören doch auch ganz sicher zu jenen 48,5 Prozent der Bundesbürgerinnen und Bundesbürger, die nach einem aufrüttelnden Bericht der *Apotheken Umschau* eigentlich öfter Sport treiben sollten.

Aber welchen? Freie Nachmittage für Mannschaftsspiele haben Sie genauso wenig wie freie Wochenenden für ausschweifende Bergwanderungen. Da bleibt nur das »tägliche kleine Krafttraining«, das mustergültig in den Alltag integriert ist. Der Mann, der es wissen muss, der ärztliche Direktor der Poliklinik für Präventive und Rehabilitative Sportmedizin der Technischen Universität München, sagt Ihnen, was Sache ist: Man sollte mal hinter der Straßenbahn herlaufen oder morgens ein paar Liegestützen machen oder sich Zeit nehmen für »Koordinationsübungen, wie auf einem Bein stehen«.

Wenn Sie ein Spaßvogel sind, werden Sie ganz bestimmt viel anfangen können mit solchen Ratschlägen. Aber als vernünftiger Mensch werden Sie sich schon die Frage stellen, ob es nicht ziemlich albern ist, der Straßenbahn hinterherzulaufen, statt einfach einzusteigen. Und es wird Sie nicht gerade reizen, sich auf den Boden zu werfen und

Liegestützen zu machen, als ob die Wehrpflicht Sie doch noch ereilt hätte. Und wollen Sie wirklich in der Gegend herumstehen wie ein Flamingo? Fürchten Sie nicht, dass dies den Passanten oder bei einem Rückzug in private Räume den Mitbewohnern recht befremdlich vorkäme?

Kein Grund zur Verzweiflung! Denn der Herr Professor hat ja noch einen Ratschlag auf Lager. Der allerbeste Tipp, die Muskulatur zu dehnen und den stetigen Kraftaufbau zu fördern, ist und bleibt das Radeln! Und zwar für alle, wie er sachkundig hinzufügt. Für die 85-jährige Großmutter genauso wie für den Patienten, der schon einen Herzinfarkt erlitten hat. Mal eben schnell zum Arbeitsplatz, zum Arzt oder Frisör radeln – und schon ist man »frischer und geistig leistungsfähiger«. Damit nicht genug: »Rückenverspannungen werden weniger.« Doch das Radfahren ist nicht nur eine Wohltat für den Körper, sondern auch für die Seele. Denn: »Man braucht kein schlechtes Gewissen zu haben, muss abends nicht mehr denken: Ach, jetzt muss ich noch ins Fitness-Studio!«

Mir ist diese seelische Erleichterung allerdings noch nie zuteil geworden. Aber das liegt einfach nur daran, dass ich mir noch nie abends gedacht habe, ich müsste noch ins Fitness-Studio, weil sonst mein Gewissen Schaden nehmen könnte. Das Schwabinger Bodybuilding-Institut, neben dem ich aufgewachsen bin, hat mich nämlich schon in meiner Schulzeit mit all seinen Muskelprotzen, die nicht gerade allzu pfiffig dreinblickten, für alle Zukunft abgeschreckt. Erst kürzlich erfuhr ich, dass eines der Kraftpakete, die damals in der Isabellastraße keuchend die Hanteln in die Höhe stemmten, später ein weltberühmter Filmstar und dann der Gouverneur von Kalifornien wurde. Aber selbst dies kann mich heute nicht mehr für den Muskelkult begeistern.

Aber wenn Sie sich verpflichtet fühlen, es Arni Schwarzenegger gleichzutun, wissen Sie jetzt, wie Sie Ihrem schlechten Gewissen ein Schnippchen schlagen können: Hinauf auf den Drahtesel, und schon ist Ihnen klar, dass Sie den Abend nicht mehr im Fitness-Studio verbringen müssen. Und »geistig leistungsfähiger« werden Sie auch. Als wer? Na, das liegt doch auf der Hand!

Sagt mir, wo die Radler sind!

Rote Radler, wohin das Auge blickt! Nicht gerade rot gekleidet, denn das hätte nicht zum Einheitslook gepasst, aber mit verordneter roter Gesinnung – so erlebte ich in den 90er-Jahren chinesische Städte. Zu Tausenden, was sage ich: zu Zehntausenden waren sie strampelnd unterwegs, um die Fabrik zu erreichen. Aber nicht nur das Industrieproletariat rackerte sich auf Drahteseln ab, auch das Handwerk hatte statt goldenem Boden Pedale unter den Füßen: Schreiner transportierten ganze Schrankwände, Installateure komplette Nasszellen und Korbflechter ganze Berge selbst gefertigter Produkte mit dem Fahrrad, das entweder mit einem Anhänger oder in Marke Eigenbau mit zwei parallelen Hinterrädern ausgestattet war. Unfassbare Gebirge von Waren und Baumaterialien wurden ächzend von kleinen, zähen Radfahrern ans Ziel gebracht. Manche Fahrradanhänger ließen sich am Ziel in so erstaunliche Ausdehnungen auseinanderklappen, dass sich die mitgebrachte Garküche als heimliche Großgastronomie entpuppte. Auch die Müllabfuhr bediente sich des Zweirads. Keine Transportaufgabe erschien zu gewaltig, um nicht mit dem Veloziped erledigt zu werden.

Um ehrlich zu sein: Mit den Schreinerlehrlingen, die Wandschränke befördern mussten, und auch mit den verdrossen sich abmühenden Müllfahrern hatte ich durchaus Mitleid. Von Herzen gönnte ich ihnen, dass die Motorisierung noch während ihres Arbeitslebens Fortschritte machen möge. Doch insgesamt war es schon imposant, welche Menschenmassen sich hier mit eigener Muskelkraft fortbewegten und wie viele Güter von da nach dort geschafft wurden, ohne einen Liter Benzin, ohne Anschaffungskosten für Blechkarossen, vor allem aber ohne den geringsten CO_2-Ausstoß: Ein ganzes Volk, noch dazu das größte der Welt, schien schuldlos zu sein am Schadstoffausstoß des Weltverkehrs, am Klimawandel und allen Folgekatastrophen.

Und dann das: Bei den letzten China-Reisen musste ich den Radlern Pekings und Shanghais regelrecht auflauern, um die letzten ihrer Zunft vor die Linse zu bekommen. Wo die eigenen Parallelstraßen für den Radverkehr noch nicht in Autospuren umgewandelt waren, lagen sie weitgehend ungenutzt brach. Räder mit abenteuerlichen Aufbauten und pittoresker Fracht waren nur noch am Rand großer Marktplätze aufzuspüren.

Radler in China

Dafür verschlugen mir die neuesten Bauwerke für den Autoverkehr die Sprache: Vierspurige, fünfspurige, ja sechsspurige Stadtautobahnen, Straßen in der Höhe des dritten, vierten oder fünften Stockwerks, Straßengabelungen und Kreuzungen in abenteuerlichen drei, vier, fünf Ebenen übereinander, auf geheimnisvolle Art miteinander verbunden durch Abzweigungen, Zufahrten und Auffahrtsspiralen auf unzähligen Betonstelzen. Und auf all diesen Verkehrsflächen unendlich viele Autos – im Stau!

Dabei war das ja nur der Anfang. Pro Einwohner ist die Autodichte in unseren Städten mehr als zehnmal so hoch, also wird zunächst einmal die Verzehnfachung in den Metropolen Chinas angestrebt, dann folgt die Aufholjagd auf dem Land, und irgendwann muss Alt-Europa natürlich überholt werden …

Da habe ich, als mich die Nankai-Universität in Tianjin um zukunftsweisende Lehren als Gastprofessor bat, mein Mitleid mit Schreinerlehrlingen und Müllfahrern zurückgestellt und als grandiose Zukunftsvision aus Deutschlands heimlicher Hauptstadt referiert, dass wir den Anteil des Radverkehrs durch kräftige Investitionen und unermüdliche Aufklärungsarbeit auf 20 Prozent erhöhen wollen. Weil das Radeln doch so gut ist für die Gesundheit und für die Umwelt – und Geld spart es auch noch!

Die Resonanz war gewaltig, auch wenn sie nicht ganz so ausgefallen ist, wie ich mir das als Umweltschützer und dozierender Ökonom vorgestellt hatte: Das Auditorium lachte, als hätte es im Zeitraffer ein komplettes Kabarettprogramm geboten bekommen. Mehr Rad fahren! In der Zukunft! Einfach köstlich, dieser Komiker!

Eine Milliarde Chinesen können nicht irren, sagen die Fortschrittsgläubigen. Vergnügt radelnd frage ich mich aber auch, wie lange das gutgehen wird, auf den jetzt schon im Stau erstickenden Stadtautobahnen, Hochstraßen und Auffahrtsspiralen – ohne all die roten Radler.

Radfahren – ein Wintersport?

Früher war alles anders. Da wusste man im Novembernebel, dass es höchste Zeit war, den Drahtesel in den Keller zu tragen und für ein paar Monate Lebewohl zu sagen. Weil man nicht so blöd und auch nicht so heroisch ist, durch Schneematsch oder über Eisflächen zu fahren.

Wenn die Tage kürzer wurden und die Temperaturen fielen, brach die Zeit der Wintersportler an, die einen dann bis zur Schneeschmelze mit prahlerischen Erzählungen nerven konnten, welche Abfahrten sie neu entdeckt und wie viele Ski-Haserl sie beim Après-Ski aufgerissen haben.

Aber heutzutage ist alles anders, weil den Wintersportlern der Winter abhandengekommen ist. Die Gletscher schmelzen dahin, der Schnee fällt schon gar nicht mehr. » A g'führiger Schnee « – eine unerfüllte Sehnsucht. Man muss nur mal leidenschaftlichen Skifahrern zuhören, wenn sie mit sorgenzerfurchter Miene über die kommende Saison räsonieren – statt schneebedeckter Bergeshöhen scheint es ein einziges Jammertal zu geben. Und wo die Skiliftbetreiber nicht ausreichend viele Schneekanonen in Stellung bringen, ist eh schon alles zu spät. Wintersportorte werben nicht mehr mit landschaftlichen Reizen und Alpenblick, sondern mit der Zahl und der Reichweite ihrer

Schneekanonen. Aber wenn die Erderwärmung noch weitergeht, wird auch damit einmal Schluss sein. Ein endzeitliches Szenario!

Aber was heißt das für uns Fahrradfahrer? Wenn es mangels Winter keinen Wintersport mehr gibt, ja, dann brauchen wir unser Gefährt nicht mehr im finsteren Keller zu verstauen, sondern können ganzjährig auf Zack bleiben. Ohne jedes Heldentum können wir »Four Seasons Biker« werden. Vielleicht nicht gleich, aber bald. Jedenfalls haben wir den Klimawandel auf unserer Seite, gewissermaßen jedenfalls.

In diesem Winter werde ich es mal ausprobieren: Eine Adventstour durch die Altstadt, ein Silvesterausflug nach Großhesselohe und vielleicht sogar eine Winterreise zum Oberföhringer Fasching. Das wäre doch wirklich mal was anderes als der traditionelle Einkaufsbummel oder der spießbürgerliche Verdauungsmarsch nach der Weihnachtsgans oder die Kutschenfahrt durch die menschenleere Pampa des Münchner Ostens. Aber nur, wenn das mit dem sommerlichen Winterwetter wirklich stimmt!

Sollte es hingegen trotz aller Prognosen der Wetterfrösche und Klimaforscher verschneite Bürgersteige und gefrorene Pfützen geben, denke ich gar nicht daran, den Skifahrern die Wintersportsaison streitig zu machen.

Das tut nur einer. Jedes Jahr. Pünktlich am Heiligen Abend. Er kommt wie der Weihnachtsmann, schaut aus wie der Weihnachtsmann, ist es aber nicht: der Fotograf Stefan Moses. Er fährt das ganze Jahr über in Schwabing und den benachbarten Vierteln herum.

Lange Jahre habe ich mich am 24. Dezember gewundert, wie er immer wieder jemanden findet, der am Spätnachmittag für ihn Geschenke und Grußkarten ausfährt und in weihnachtlichen Tüten vor die Wohnungstür legt. Bis ich eines Heiligen Abends den Dienstboten in flagranti erwischt habe – er war es selber. Auf dem Fahrrad. Mit 80 Jahren. Bei Schnee, Eis und Matsch.

Mit bewunderndem Erstaunen habe ich ihn gefragt, ob er denn noch bei Trost sei, bei solchem Wetter mit dem Rad unterwegs zu sein. Seine Antwort war von ernüchternder Überzeugungskraft: »Gehen kann ich ja nicht mehr.« Und tatsächlich: Auch wenn man schon wacklig auf den Beinen ist, kann man noch fest im Sattel sitzen. Und Unebenheiten des Straßenbelags oder des Bürgersteigs sowie kleine Schneebuckel oder Eisglätten auszubalancieren ist langjährigen Radlern längst in Fleisch und Blut übergegangen.

Irgendwann werden die Fahrräder zur Winterzeit nicht mehr im Keller verschwinden, sondern ganz groß rauskommen! Dafür sorgt nicht nur die Erwärmung unseres Planeten, sondern mehr noch der demografische Wandel – und natürlich auch die Explosion der Energiepreise. Eigentlich deuten alle Veränderungsprozesse der Gegenwart darauf hin, dass die Fahrräder in Zukunft die Szene beherrschen werden, auch und gerade im Winter. Change. Yes they can!

Die Fahrt in die Zukunft – mit allen Schikanen

Wenn man eines Tages wird, was der Monaco Franze um Himmels willen niemals werden wollte, nämlich ein seriöser älterer Herr, dann bekommt man zum Geburtstag auch ganz andere Fahrräder als in früheren Jahrzehnten. Also kein Juniorrad mit Auslegern gegen das Umkippen, kein gebrauchtes Sportrad mit Rennlenker, der sich mit einem roten Klebeband wunderbar einwickeln lässt, auch kein alternatives Hollandrad für den Berufsanfänger, sondern etwas ganz Luxuriöses, ein Fahrrad mit allen Schikanen. Der Ausdruck ist übrigens gut gewählt. Denn manchmal fühle ich mich von den Accessoires der Fahrradausstatter tatsächlich schikaniert.

Den Kilometerzähler, der auf Knopfdruck auch den aktuellen Kalorienverbrauch anzeigt, kannte ich schon. Neu war mir allerdings das Radio, das auf den Lenker gesteckt werden kann und einen wunderbar unterhält, sofern man sich durch totenstille Gegenden bewegt, was einem selten vergönnt ist; im ganz normalen Straßenlärm trägt es nur dazu bei, den Lärmpegel näher an die Schmerzgrenze zu heben.

Das tollste Zubehör der Luxusklasse ist aber ein GPS-System, für das sich an der Lenkstange mit ein bisschen Glück neben den Griffen, der Glocke, dem Kalorienzähler und dem Radio auch noch ein passendes Plätzchen finden lässt. Um es kurz zu machen: Das Radfahren erobert eine neue Dimension, bald werden wir uns gar nicht mehr vorstellen können, jemals auch ohne Navigationssystem ein Ziel erreicht zu haben, etwa den eigenen Arbeitsplatz oder den Lieblingsbiergarten.

Die Erregung beginnt schon an der Haustür: Tatsächlich! Das GPS-System bestätigt mir, mitten in Schwabing zu starten. Da startet man doch gleich viel kenntnisreicher als in der dunklen Vergangenheit, als man voller Unwissenheit nur erahnen konnte, dass der Weg vermutlich wieder vor der eigenen Haustür begann.

Nach der Vorbeifahrt an einigen Häuserblocks signalisiert mir der Monitor, dass es demnächst eine ganz große Straße zu queren gilt. Und tatsächlich: schon stehe ich an der Leopoldstraße. Gut, direkt überraschend ist das nicht, weil es das halbe Jahrhundert zuvor auch schon so war, aber jetzt wird der scheinbar so banale Sachverhalt elektronisch und mithilfe von Weltraumsatelliten durchdrungen, das verleiht ihm eine ganz andere, in früheren Jahren noch nicht einmal vorstellbare Authentizität.

Dann die Sensation: Ich bewege mich auf eine grüne Fläche zu! Und in der Tat: da liegt er, der Englische Garten. Kurze Zeit später: ein blauer Klecks. So präzise sind die tatsächlichen Begebenheiten auf der kleinen Bildfläche wiedergegeben, dass es streng genommen gar nicht mehr erforder-

lich ist, den Blick zu heben, um den Kleinhesseloher See zu sehen. Ein Gewässer halt. Nass wie
eh und je. Mit Inseln, die es immer schon gab. Das
alles ist der Betrachtung eigentlich gar nicht wert.
Aber die Draufsicht senkrecht von oben auf die
Umrisse des Sees, aus der Perspektive des Satelli-
ten, die lässt die Natur ganz neu, in noch nie dage-
wesener Weise erleben.

Ja, lachen Sie nur. Den Reiz des Handys haben
wir am Anfang auch nicht ganz begriffen. Und
heute können wir uns gar nicht mehr vorstellen,
wie wir es früher einmal angestellt haben, Menschen zu einem vereinbarten Zeitpunkt an einem
bestimmten Ort zu treffen – ohne Handy, einfach
unglaublich. Heutzutage rufen wir einfach unterwegs an: »Mir ist leider was dazwischengekom-
men, bin aber gleich da.« Wenige Minuten später
der Rückruf: »Wo bleibst du denn?« »Bin gleich
da.« Ende des Gesprächs. Dann allerdings erweist
sich ein weiterer Anruf als unvermeidbar: »Wo
stehst du denn?« »Ja, hier, am Fischbrunnen.«
»Ich auch. Ich seh dich aber nicht.« »Ich dich
schon. Warte, ich winke.« »Ach, da! Jetzt hätte ich
dich fast nicht erkannt.«

Wie haben wir es nur vor der Erfindung des
Mobilfunks bewerkstelligt, Menschen irgendwo
im Getümmel der Großstadt zu treffen? Wir müssen akribische Vereinbarungen geschlossen, Lage-
skizzen angefertigt und vor allem Ewigkeiten ge-
wartet haben. Das Handy hat zwar nicht das Leben
erleichtert (sonst wäre es jetzt nicht so schwer),
aber die eigenständige Orientierung genommen.

Und das wird jetzt auch dem Navigationssystem am Lenker gelingen. Sicher, am Anfang werden wir es nur ein-, zweimal im Jahr ernstlich in Anspruch nehmen, wenn uns das Schicksal in ein völlig fremdes Stadtviertel verschlagen hat. Aber dann werden wir uns doch daran gewöhnen, auf den kleinen Monitor zu starren, statt dumm in die Luft oder in der Gegend herumzugucken.

Wenn wir uns erst einmal angewöhnt haben, den Monitor stets im Blick zu haben und uns nicht von der Umgebung ablenken zu lassen, dann werden wir plötzlich entdecken, dass das Indoor-Biken, also das Strampeln auf einem Hometrainer mit vorgeschaltetem Bildschirm, dasselbe Erlebnis liefert. Munteres Strampeln, eine wahre Informationsflut auf der Mattscheibe und keine Ablenkung durch die banale Realität durch Augenschmaus am Wegesrand oder ein frisches Lüftchen oder verheißungsvolle Gerüche.

Mit einem Wort: Wir können künftig gleich zu Hause bleiben (und das Navigationssystem verrät uns, wo das ist).

Der mistige Lausbua im Paradies

Manchmal fragt man sich natürlich ein wenig bang, ob es wirklich erwachsene und vielbeschäftigte Leute gibt, die meine Texte zum Radverkehr als solchen tatsächlich lesen. Wie Sie es, geneigter Leser, gerade in vorbildlicher Weise tun. O ja, es gibt sie! Und das Schönste ist: Ich kann es sogar beweisen! Denn immer wieder sprechen mich Leute auf diese Texte an, voller Zustimmung oder Widerspruchsgeist.

Da gibt es zum Beispiel, um mit dem Positiven zu beginnen, die Sympathisanten des städtischen Radverkehrs, die kurz die Hand schütteln und dabei beteuern: »Gell, es gibt nichts Schöneres, als am Wochenende an der Isar entlangzuradeln, da verzichtet man doch gerne auf einen Autoausflug in den Stau.« Vernünftige Leute halt.

Aber es gibt auch hartgesottene politische Gegner, die jedes Geständnis gleich in Munition umwandeln: »Das habe ich mir gleich gedacht, dass Sie keinen Plattfuß flicken können. So sind die Politiker: Immer nur reden, aber nichts dahinter!«

Am überraschendsten waren zumindest am Anfang für mich die Zurufe der literarisch Gebildeten, die ich peinlicherweise gar nicht gleich als solche erkannte. »Sie Radfahrer Sie, Sie wissen schon, dass Sie sich im Himmel bewegen, oder?«

Ich hielt das erst für eine Lobpreisung der paradiesischen Verhältnisse in Münchens Radroutennetz, das längst über 800 Kilometer Länge aufweist, lag damit aber total daneben. »Nix Radrouten«, meinte der freundliche ältere Herr, der jetzt schlagartig etwas derb wurde: »Du Lausbua, du mistiga.« Nun ist man ja von Bürgerkontakten her einiges gewöhnt, aber das kam mir doch ein wenig ungehobelt vor. Zum Glück setzte er gleich nach, bevor ich mein ahnungsloses Unverständnis äußern konnte: »Kennen Sie es nicht? Du Lausbua, du mistiga!? So sagt der › Münchner im Himmel‹ zum Roten Radler. Das ist doch der Beweis, dass Sie sich als Roter Radler im Himmel bewegen!«

Richtig. Da fiel es mir wieder ein. Alois Hingerl, Dienstmann Nr. 172 in München, begegnet tatsächlich gleich nach Petrus an der Himmelspforte einem Roten Radler. Dabei war er schon geschockt von der himmlischen Hausordnung, die vormittags »frohlocken« und nachmittags »Hosianna singen« vorschrieb. Und zu trinken sollte es nichts geben außer Manna. In diesem Moment kam auch noch ein Roter Radler daher, was Alois Hingerl in Rage versetzte: »Der alte

Rote Radler

Zorn erwachte in ihm«, heißt es bei Ludwig Thoma. Und der Dienstmann rief dem Roten Radler hinterher: »Kemmt's ös da rauf aa?« Und abschließend heißt es: »Und er versetzte ihm einige Hiebe mit dem ärarischen Himmelsinstrument.«

Mehr verrät Thoma nicht. Das wirft doch mindestens drei Fragen auf. Was heißt ärarisch? Was ist ein Roter Radler? Und warum versetzt sein bloßer Anblick den Münchner im Himmel derart in Wut? Also hübsch der Reihe nach:

Ärarisch heißt staatlich, dem Fiskus (Ärar) gehörig. In unserem Zusammenhang bedeutet es wohl: im Besitz des Himmelsregiments. Und Rote Radler waren praktisch die ersten Radkurierdienste in Deutschland, die es außer in München in Stuttgart, Freiburg und Regensburg gab. Sie lieferten ab 1910 mit ihren Dreirädern Sendungen aus, konnten also jederzeit mit den Dienstmännern am Hauptbahnhof in Konkurrenz geraten.

Wikipedia weiß noch, dass es sich um »freundliche Radler« handelte, »die für ihren mutigen Fahrstil bekannt waren«. Also wohl die ersten Radl-Rambos, jedenfalls die Vorfahren heutiger tollkühner Expresskuriere. Sehr viel mehr gibt aber das Internet nicht her, außer diesem Hinweis noch: »Ihre tiefe Verwurzelung in der Münchner Kultur zeigt sich durch ihr Vorkommen in einer Erzählung von Ludwig Thoma.«

So lernt man, mit Schimpfworten zu leben: Wenn mir jemand »Lausbua, mistiga« nachruft, zeugt das nur von der tiefen Verwurzelung der Roten Radler in der Münchner Kultur!

PIPER

Christian Ude
Chefsache

Satiren. 165 Seiten. Piper Taschenbuch

Das einzige, was ein Münchner Oberbürgermeister wirklich können muß, ist das Anzapfen auf dem Oktoberfest. Der Kabarettist, der nebenbei eine Großstadt regiert, beherrscht aber nicht nur das Anzapfen und das Regieren – sondern auch die hohe Kunst der Satire. Ob Bürgerversammlung, Expertengespräch oder hoher Besuch: Christian Ude versteht es meisterlich, aus seiner Amtstätigkeit satirische Funken zu schlagen.

Meine verfrühten Memoiren

162 Seiten. Piper Taschenbuch

Als ich am 2. Mai 1990 zum Bürgermeister einer gleichwohl sehr renommierten süddeutschen Großstadt gewählt wurde, begann ich sofort mit der Niederschrift meiner Memoiren. Der eine oder andere Leser – und vor allem der typische Nichtleser! – wird sich vielleicht fragen: Muß das sein? Und dann noch so früh? Ich nehme diese Frage nicht übel. Mehr noch: ich habe sie mir selbst vorgelegt. Nach längerem Grübeln kam mir die erlösende Erkenntnis: Diese Frage ist falsch gestellt worden!

01/1410/02/R